AF592368

THIERRY GAULIN

O.V.N.I. EN MÉDITERRANÉE

Les Cahiers Fortéens n°5

Collection Les Cahiers Fortéens n°5
ISBN : 978-2-38014-036-1
EAN : 9782380140361
ISSN de la collection : 2111 — 7268
Dépôt Légal : Avril 2021
L'illustration de couverture est signée Jean-Christophe Fort ©
La mise en page est de André Savéant

Thierry Gaulin

O.V.N.I. en Méditerranée

LES ÉDITIONS DE L'ŒIL DU SPHINX
36-42 rue de la Villette
75019 PARIS, France
www.œildusphinx.com
ods@œildusphinx.com

PRÉFACE

par Joël Mesnard, ufologue, auteur et responsable de LDLN (*Lumières dans la Nuit*) de 1988 à 2014.

L'étude des apparitions d'ovnis est un éternel recommencement. Au lendemain de la Vague de l'automne 1954, on pouvait imaginer que les années suivantes allaient apporter des éclaircissements, peut-être même des réponses à toutes les questions qui se posaient. Il n'en fut rien. Dès le mois de décembre, la fréquence des observations s'effondra, et avec elle l'intérêt du public. Ceux qui, sans avoir pris la peine d'enquêter, s'étaient construit de petites célébrités en se moquant des témoins, avaient gagné la partie. Heureusement, quelques années plus tard, Aimé Michel se pencha de façon sérieuse sur ce qui s'était passé. Il rédigea un livre remarquable, dans lequel il analysait les données contenues dans les articles de presse qu'il avait pu collecter. L'évidence s'imposait : cette affaire était toute autre chose qu'une blague, il y avait un authentique mystère à défricher. Le livre connut un succès certain, mais limité. Les Français des années soixante n'allaient pas se casser la tête à vérifier tout ça. On leur avait dit et répété que c'étaient des bêtises. Cette vision des choses leur convenait.

Dans les années soixante-dix, la fréquence des apparitions recommença à croître, et resta à un niveau considérable tout au long de 1974. Un ministre, M. Galley, fit une déclaration confirmant la réalité du problème, et une partie de la presse exposa assez objectivement la situation (sans zèle excessif, toutefois). Il y eut une période de quelques mois, durant laquelle on pouvait évoquer le phénomène sans trop passer pour un niais. Ce « printemps ufologique » déboucha, en 1977, sur la création du Gepan, au sein du CNES. Les ufologues, alors nombreux et 0entreprenants, allaient pouvoir coopérer avec un organisme officiel. Que demander de mieux ? L'enthousiasme, hélas, fut de courte durée. La perspective qui s'était ouverte… se referma, très rapidement. Et sans explications.

En 1979 parut un livre expliquant (à sa manière…) que rien ne s'était passé en 1954, ni après, d'ailleurs : les témoins étaient injoignables, ou bien ils avaient mauvaise réputation, et certains étaient des alcooliques. Le problème était résolu, la Raison avait triomphé. Il apparut, quelques années plus tard, que les prétendues contre-enquêtes invoquées à l'appui de cette assertion étaient purement et simplement bidon. Quelque vingt-trois cas (dont ceux de Roumazières, Beaufort, Sainte-Catherine-sous-Riverie, Londinières, Villiers-en-Morvan…) en sont les preuves flagrantes. Cela n'a pas empêché les auteurs de recevoir une pluie de vibrants éloges. C'est qu'un « courant de pensée » avait vu le jour à la fin des années soixante-dix : celui des « nouveaux ufologues ». Leur vocation est simple : faire comprendre au bon peuple qu'avant eux, tout le monde était dans l'erreur, et qu'en fait, les OVNI n'existent pas. Tout s'explique, selon eux, par la naïveté, l'inculture et la mauvaise foi des prétendus témoins. Cette doctrine avait toutes les qualités pour séduire l'élite intellectuelle, peu désireuse d'affronter l'inconnu. Elle valut à ses partisans quatre décennies de douillet confort, d'autant plus qu'elle s'inscrivait dans le droit fil des recommandations de la Commission Robertson, réunie par la CIA en janvier 1953.

Vinrent ensuite les formidables événements du 5 novembre 1990. Ce soir-là aux environs de 19 heures, il y eut des centaines d'observations sur l'Hexagone, plus quelques-unes en Suisse, dans le Sud de l'Allemagne, en Mer du Nord et jusqu'en Pologne. Bon nombre d'entre elles peuvent probablement s'expliquer par la rentrée dans l'atmosphère d'un engin soviétique, mais d'autres (une quarantaine environ) relèvent, de toute évidence, d'autre chose, une chose intelligente et manipulatrice, qui aurait choisi de se manifester *en même temps que la rentrée, comme pour créer des confusions*. Et il s'agit, dans la plupart des cas, d'observations rapprochées, comportant des descriptions précises. Les « nouveaux ufologues » refusèrent catégoriquement de prendre en considération ces cas qui contredisaient l'explication officielle. Je me souviens d'avoir incité certains d'entre eux à venir rencontrer quelques témoins en région parisienne. Aucun ne se dérangea. Stanton Friedman est l'auteur d'une formule qui résume joliment la philosophie de ces gens : « *Ne venez pas me casser les pieds avec les faits, mon opinion est déjà arrêtée* ».

Nous venons de vivre quarante années au cours desquelles, à de rares exceptions près, les médias n'ont été ouverts qu'à cette pensée-là… si on peut parler de pensée, en la circonstance. Les journaux ne signalent plus d'observations d'ovnis, et les témoins, sentant très bien dans quel sens souffle le vent, n'osent plus guère s'exprimer. Leur frilosité s'explique en outre par le fait que le phénomène ne se montre plus, depuis un bon quart de siècle, que sous des formes beaucoup plus discrètes que par le passé. Les ovnis ne semblent plus atterrir, et lorsqu'il y a vision d'ufonautes, c'est désormais dans un cadre tellement intime, que les gens hésitent à se confier, tant ce qu'ils ont vécu est « incroyable ».

Depuis une quarantaine d'années, l'ufologie se borne à survivre, dans un contexte globalement très défavorable. Je serais tenté de dire qu'elle rase les murs. Quand, au début d'août 1998, s'est produite une impressionnante série d'observations (notamment dans la soirée du 10 août), ces incidents n'ont trouvé d'écho que dans la presse régionale. L'un des témoins d'une manifestation extraordinaire, dans la région de Charleville-Mézières, n'a disposé que de quelques secondes pour s'exprimer sur une grande chaîne de télévision, et son récit a été accueilli, dans le studio, par des rires sonores. Il n'a suscité aucune demande de renseignements complémentaires.

Le 24 mai 2018, les *Dernières Nouvelles d'Alsace* ont diffusé une information extraordinaire : trois gendarmes et quatre agents de sécurité venaient d'observer, longuement, de nuit, un ballet d'ovnis à très basse altitude au-dessus de la centrale nucléaire de Fessenheim. L'un des gendarmes avait réussi à filmer le phénomène. Eh bien, *aucun* autre média n'a relayé l'information. Elle aurait pu être critiquée, mise en doute, elle aurait dû faire aussitôt l'objet de vérifications. Il n'y a rien eu de tout cela. Rien que le silence. Comment comprendre ça ?

La réponse, en fait, est assez simple, et Donald Keyhoe nous la donnait déjà en 1973, dans son dernier ouvrage : l'information sur les ovnis est étouffée, manipulée, sabotée, à un niveau auquel les honnêtes gens n'ont pas accès. D'innombrables autres chercheurs sont parvenus à des conclusions semblables : dans le domaine des ovnis, l'information n'est pas tout à fait libre. Dès que les choses prennent un peu d'ampleur, un *black-out* entre en action. En bon français, cela s'appelle une omerta. Le résultat est qu'aujourd'hui, plus personne ne se souvient de la Vague de 1954. Plus personne ne sait qu'à Valensole, le 1er juillet 1965, la terre était desséchée, et dure comme du ciment, autour de l'empreinte laissée par l'ovni. Les spécialistes de la désinformation ont fait leur travail : ce n'était pas un ovni, c'était un hélicoptère ! Un hélicoptère que le témoin n'a pas été capable de reconnaître, à quelques mètres de distance ! Mais oui, bien sûr... Depuis quand les hélicos laissent-ils des traces de ce genre ? Peu importe : tout est bon pour nier la réalité du phénomène.

En conséquence, l'ufologie est aujourd'hui moribonde. Elle n'est plus que l'ombre de ce qu'elle a été, il y a quarante-cinq ans. Et c'est vrai dans de nombreux pays, notamment en Europe, où les publications spécialisées disparaissent les unes après les autres, ou bien subsistent à la limite extrême de la survie. Des ufologues, malgré tout, s'efforcent de maintenir en vie une petite flamme de curiosité. Une manière d'y parvenir consiste à exposer les témoignages recueillis dans une zone géographique bien définie. Ce travail a déjà été fait, et bien fait, dans le Nord, dans l'Yonne, en Bretagne, en Alsace, et probablement ailleurs. Thierry Gaulin nous invite à découvrir ce que tant de témoins ont observé, sur les rives de la Méditerranée. On ne peut que l'en remercier, et souhaiter que son travail suscite l'émergence d'autres témoignages, là ou ailleurs.

J.M.

Introduction

Le livre que vous venez d'ouvrir propose une approche basée sur les faits. Ne sont ainsi retenus que les témoignages qui ont pu être recoupés par d'autres. Les témoignages uniques, sauf s'ils étaient recoupés par une trace écrite, ont été laissés de côté ; ce qui ne veut pas dire oubliés, mais écartés temporairement dans l'attente d'éventuels nouveaux éléments.

Quant aux archives écrites, qui forment la cohorte essentielle des sources auxquelles a eu recours l'auteur, elles ont été passées au crible afin de ne retenir que ce qui apparaissait comme incontestable, sauf indication contraire comme nous le verrons assez vite avec Julius Obsequens.

Dans le cas de Rose C, bien connu des spécialistes, l'analyse de l'abondante correspondance du témoin a été privilégiée. C'est la première fois que ces centaines de pages, soigneusement préservées depuis presque 50 ans par des hommes comme Bernard Dupi, vont ainsi se retrouver mises en avant. Elles retracent une étrange histoire qui s'étale sur près de 6 ans, d'août 1973 à juin 1979. Cette correspondance épistolaire vient à point pour compléter des années de contre-enquête auprès des anciens de V.E.R.O.N.I.C.A. qui ont largement médiatisé ce dossier au début des années 1980.

Un autre dossier sur lequel nous allons avoir l'occasion de nous étendre largement est celui de Manises. Injustement méconnu en France, il est pourtant l'un des dossiers phares de l'ufologie espagnole. La documentation fiable est abondante, ce qui est loin d'être toujours le cas. Après plusieurs années d'enquête, il est temps de faire un point.

Outre ces deux gros dossiers, vous aller pénétrer au cœur d'une dizaine de dossiers ufologiques qui ont pour point commun leur localisation, le littoral méditerranéen de Rome (Italie) à Valence

(Espagne) en passant par nos régions. Vous allez vous confronter à des ovnis en forme de triangle ou de cylindre, à des sphères, à des rencontres rapprochées du troisième type… Des cas connus ou inconnus. Vous allez entrer dans l'intimité des témoins qui ressortent parfois traumatisés de leur expérience.

Pour la première fois aussi, vous allez pouvoir avoir accès à une étude statistique et logique de la base de données de l'association OVNI-Languedoc.

À tout moment, l'identité et la vie privée des témoins vivants sans qui rien ne serait possible en ufologie resteront protégées. Seuls les noms des ufologues, enquêteurs et chercheurs de l'étrange, seront mentionnés.

Vous ne trouverez ici nulle place à l'affabulation. L'objectif n'est pas de faire du sensationnel, mais du factuel, de se rapprocher au plus près de ce qu'a pu être et de ce qu'est encore le phénomène O.V.N.I. sur les bords de la Méditerranée.

In memoriam

Né le 22 juillet 1957, Bernard Dupi s'est intéressé au phénomène O.V.N.I. bien avant sa majorité. En 1974, la loi statuait sur la majorité à 18 ans (21 ans auparavant). Il était déjà impliqué dans la recherche ufologique, depuis belle lurette.

Il avait fondé avec Jean-Pierre Charton le groupement PALMOS puis en était devenu le président. Depuis leur base montpelliéraine, ils allaient enquêter sur bon nombre d'affaires, dont le très célèbre cas « Roméo Charlie ». « Rose C » pour les plus jeunes. Il avait répondu présent lorsque le G.E.P.A.N., en 1978, avait invité individuellement des ufologues afin de déterminer si une collaboration pouvait exister entre ces derniers et l'institution du C.N.E.S.

Bernard a toujours eu le virus « ovni » dans son sang, même si pendant longtemps, la vie l'a éloigné de l'ufologie. Il a plongé une seconde fois dans le petit monde des ovnis il y a une bonne dizaine d'années, en rejoignant l'association « OVNI-Languedoc », d'abord comme membre.

Landais, comme l'auteur de ces lignes, né dans la même clinique montoise avec quelques années d'avance, il allait devenir le trésorier de l'association jusqu'en 2018. Impliqué au plus haut point, soucieux de la préservation des archives, toujours disponible pour une enquête ou prêt à parcourir des centaines de kilomètres pour être présent lors d'une simple conférence ufologique ou d'un congrès, toujours prêt à apporter son expérience au bénéfice du groupe, ainsi était Bernard.

Le petit monde de l'ufologie n'oubliera pas Bernard, à droite sur la photo, souriant aux côtés de la regrettée Geneviève Béduneau elle aussi trop tôt disparue. Il a fini par baisser les bras face à la maladie. Il est parti le 16 juillet 2019, à quelques jours de son 62e anniversaire[1].

Je garderai tout particulièrement le souvenir de cette journée d'été à Hyères, même si nous n'étions que fin mars 2018, où à l'occasion d'une conférence de Jean-Pierre Petit et de Robert Salas, Bernard avait revu avec bonheur un de ses vieux amis des années PALMOS.

[1] https://www.ovni-languedoc.com/tag/bernard-dupi/

Connaissez-vous Julius Obsequens ?

Si ce n'est pas le cas, inutile de vous mettre martel en tête. Il n'aura d'utilité ici que pour établir l'ancienneté du phénomène O.V.N.I. sur les bords de la Méditerranée. D'ailleurs, nous ne sommes même pas certains de l'époque où il a vécu : pour ce qui nous intéresse, nous partirons de l'hyptohèse la plus probable.

Donc, Julius Obsequens, de la célèbre famille des Julii comme son nom l'indique, plus ou moins contemporain d'Octave Auguste, est un Romain de l'antiquité auteur *Des prodiges* au premier siècle avant Jésus-Christ. Ou après.

Quant à son surnom « Obsequens », il s'agit d'un adjectif qui a donné aujourd'hui en français, entre autres mots, « obséquieux ». On peut donc supposer que ce Julius était pour le moins complaisant, peut-être déférent, voire condescendant[2].

Son *Prodigia* est un recueil de faits prodigieux, mystérieux, qui se sont déroulés dans la Rome antique, au cœur des territoires contrôlés par la cité. Souvent considérés comme des messages des dieux, ces événements étaient pris en haute considération. D'autres auteurs plus célèbres que Julius Obsequens les mentionnent : Cicéron[3], Sénèque[4], Pline l'Ancien, Plutarque, Tite-Live lui-même…

Ce qui est certain, c'est que l'essentiel des écrits de Julius Obsequens a aujourd'hui disparu. Ce qui est parvenu jusqu'à nous comprend une période qui va des consuls républicains Lucius Cornelius Scipio Asiaticus et Caius Laelius (190 avant Jésus-Christ) aux consuls impériaux Quintus Aelius Tubero et Paullus Fabius Maximus (11 av. J.-C.).

---

[2] Dictionnaire latin-français Gaffio, 1934.

[3] Traité de la Divination.

[4] Questions naturelles.

Cette litanie de phénomènes rares et parfois dangereux, mortels à l'occasion, est cataloguée par consulats. On y trouve un peu de tout, des ruisseaux de sang, du feu du ciel qui frappe plusieurs bâtiments, des phénomènes qui pourraient bien se classer dans la catégorie des phénomènes ovnis, la mort de personnages illustres tel Hannibal, le Carthaginois qui fit vaciller Rome, et des pluies de pierres comme celles de 188 avant Jésus-Christ sur l'Aventin et dans le Picenum, une région de l'Est de l'Italie.

Il faut garder à l'esprit que quelques erreurs se sont glissées dans ces écrits, ce qui rend compliquée leur utilisation…

Concentrons-nous sur un échantillon de ce qui pourrait s'apparenter au phénomène O.V.N.I. Il ne faut pas oublier que s'il s'agit bien de récits liés aux ovnis, la culture des témoins de l'antiquité romaine en rend la description et l'interprétation différente de ce que nous connaissons en ce début de XXIe siècle :

- en -188, des feux célestes sont observés et les vêtements de plusieurs personnes brûlés.
- en 167 av. J.-C. est observée une torche ardente dans le ciel de Lavinium, une cité du Latium à une cinquantaine de kilomètres au sud de Rome. Le phénomène se reproduit au même endroit l'année suivante.
- en -163, la nuit de Capoue (Campanie, Italie), comme celle de Pisaure, est illuminée par un impossible Soleil. À Formia (Latium), on voit deux soleils pendant le jour et le ciel semble en feu. À Concium, un homme est brûlé par les réverbérations des rayons solaires dans un miroir. On peut noter que Tiberius Sempronius Gracchus, grand réformateur social, naît probablement cette même année.
- en 154 av. J.-C., des armes volant dans le ciel sont observées à Consa.
- à Lanuvium en -147, au sud de Rome, deux cercles de couleurs différentes (l'un rouge, l'autre blanc) entourent le Soleil de 9 h à midi, tandis qu'une étoile brille durant 32 jours.
- en -140, à Préneste (Latium) et dans l'île de Céphalénie, à l'Ouest de la Grèce, des drapeaux tombent du ciel.
- en -137, toujours à Préneste, une torche ardente est observée dans le ciel.

- en 122 avant Jésus-Christ, on observe dans le ciel gaulois trois soleils et trois lunes.
- en 106 av. J.-C., c'est au tour de Rome de voir une torche ardente voler en plein jour dans son ciel. Une boule de feu est également aperçue en mouvement de l'entablement au sommet du temple des dieux Lares. Elle ne cause aucun dommage à l'édifice.
- en 100 av. J.-C., on aperçoit dans le ciel d'Ariminium (aujourd'hui Rimini, en Emilie-Romagne) une véritable bataille, des armes qui, nuit et jour, s'entrechoquent « du côté de l'Orient et du côté de l'Occident ». Les armées de l'Ouest finissent par être vaincues au bout de plusieurs jours. La même année, trois soleils sont observés dans le Picenum, et une éclipse solaire transforme « la lumière en ténèbres ».
- en 97 av. J.-C., et cela fera écho aux récents événements de 2020, un grand bruit souterrain inconnu se fait entendre à Pisaure.
- en -94, une nouvelle torche ardente est visible et tout le ciel semble en feu.
- en -91, près de Spoleto (Ombrie), « un globe de feu de couleur d'or » tombe en tournoyant jusqu'au sol. Par la suite, ayant augmenté de volume, il s'élève dans les airs et repart vers l'Est jusqu'à disparaître à la vue.
- en 63 av. J.-C., une « poutre ardente » est observée se maintenant dans le ciel à l'Ouest.
- en 44 av. J.-C., peu après l'assassinat de Jules César, une étoile chevelue est observée de nuit à Rome. On y observe également une torche ardente et une grande étoile qui ne cessent de briller durant sept jours, ainsi que trois soleils visibles en même temps, le plus bas des trois étant « entouré d'une couronne d'épis » très lumineuse. Par la suite et pendant plusieurs mois, le Soleil redevenu unique n'a plus fourni qu'une « lumière pâle et languissante ».

Bien d'autres événements auraient pu être repris ici, mais l'objectif n'est pas d'être exhaustif. Il s'agit plutôt de mentionner les éléments les plus importants et représentatifs afin que le lecteur puisse se faire une opinion.

Si certains de ces récits peuvent très certainement être attribués à des phénomènes naturels, à des parhélies, à des rentrées atmosphériques, ou à la foudre en boule comme en -106, ou encore à une comète en -44, certains autres semblent plus mystérieux. Le cas de Spoleto par exemple en 91 avant Jésus-Christ, fait penser à l'atterrissage « forcé » d'un engin suivi d'un décollage après réparation.

Dans tous les cas, cela dénote de façon certaine que dès l'antiquité romaine, l'homme se tourne vers le ciel et s'interroge sur ce qu'il y voit et ne peut identifier. Signes des dieux il y a 22 siècles, ovnis aujourd'hui.

Rose C, 65 ans plus tard.

Aux origines.

Les ufologues s'intéressent bien sûr aux observations d'objets volants non identifiés qui viennent de se produire. Plus elles sont récentes et documentées, plus il est possible d'effectuer un travail de qualité, appelé couramment enquête, destiné à aboutir à une conclusion permettant d'expliquer ce qui a été observé ou mettant en avant l'impossibilité de parvenir à une explication raisonnable.

Il est moins fréquent, mais pas si rare que ça qu'un ufologue ouvre de nouveau un vieux dossier poussiéreux qui a su éveiller son intérêt. On parle alors de contre-enquête. C'est ce qui s'est passé dans ce cas précis au début des années 2000 lorsque l'auteur, arrivé depuis peu dans le Languedoc, s'est penché sur le cas de Rose C.

Dessin de Bastien Bouhaniche qui servit de couverture à Les OVNI de V.E.R.O.N.I.C.A. paru en décembre 2008. On y voit Rose C face à ses étranges visiteurs.

Près de 70 ans après les faits, l'auteur revient sur l'étrange expérience de la contactée Rose C. Il s'est documenté depuis une vingtaine d'années, a rencontré les enquêteurs de l'époque[5], interrogé les témoins encore vivants, compulsé les archives, épluché la correspondance que Rose C avait entretenue avec ces ufologues. Tous les ingrédients sont là pour une bien étrange affaire aux frontières de l'impensable.

Aux origines de cet intérêt, il y a bien sûr le livre de Charles Gouiran, écrit en collaboration avec Rose C, *Rencontre avec les extraterrestres*, publié aux éditions du Rocher en 1979[6]. En un peu plus de 200 pages, le président du groupement V.E.R.O.N.I.C.A.[7] et Rose C y refont le récit de l'étrange aventure d'une jeune femme gardoise au début des années 1950. Le présent ouvrage ne vise pas à répéter ce qui y est écrit, en dehors de certains éléments qui permettront une meilleure compréhension de l'ensemble. Il ne dispense pas non plus de la lecture de *Rencontre avec les extraterrestres*.

5 Excepté un tout petit nombre qui n'a pu être retrouvé ou qui n'a pas donné suite.

6 Préface par Guy Tarade.

7 Vérifications et Etudes sur les Rapports d'Ovni pour Nîmes et la Contrée Avoisinante, une association ufologique des années 1970-1980.

Dans les années 2000, cette histoire est largement ignorée du petit monde de l'ufologie, presque oubliée de tous, en dehors de quelques anciens qui en conservent un souvenir parcellaire dans un coin de leur tête, mais qui n'en font pas profiter les autres puisqu'ils ne sont plus « ufologiquement actifs ». Je pense en particulier à d'anciens ufologues des associations V.E.R.O.N.I.C.A. ou P.A.L.M.O.S.[8], comme messieurs Asencio, Jarretie, Lascols, Martinez, ou encore Bernard Dupi[9] qui finira par sortir de sa retraite ufologique pour intégrer le groupe OVNI-Languedoc et en devenir un des cadres. Il a fallu tous les rencontrer, les interroger, éplucher leurs archives, les analyser, regretter parfois la disparition de pans entiers de l'histoire lors d'inondations dont le Sud a parfois à souffrir.

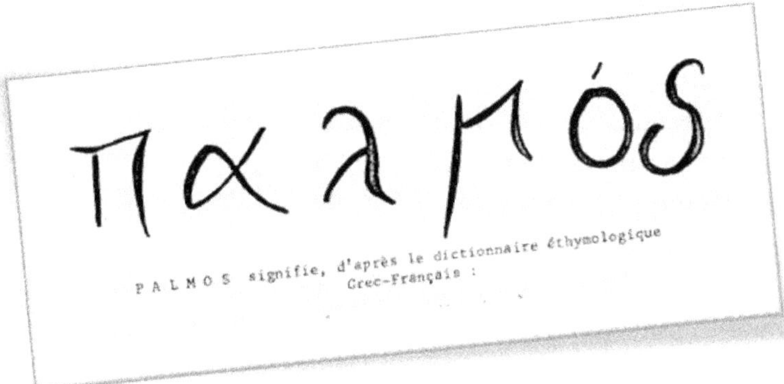

Rassembler des informations venant des deux groupements a permis de mettre en place, au fil de deux décennies, une vision d'ensemble de l'histoire de Rose C, avec ses faits avérés et ses perpétuelles interrogations. Le travail fut long, mais agréable.

Faits et croyances.

Quand on s'intéresse au phénomène O.V.N.I., on a bien souvent du mal à faire la différence entre le vrai et le faux ou, plutôt, entre ce que l'on est prêt à considérer comme potentiellement vrai et ce que l'on va classer dans la catégorie du faux ou du si improbable que cela ne vaut pas le coup de s'y attarder.

---

[8] Secousse, vibration, en grec ancien.

[9] Bernard était co-enquêteur lors de l'enquête sur l'affaire Rose C. Il m'a bien volontiers facilité l'accès à chacune des lettres envoyées par Rose C, ce qui m'a été d'une grande aide dans la réalisation de cet ouvrage.

L'affaire Roméo Charlie[10] pourrait entrer dans l'une ou l'autre de ces catégories selon la personne, l'ufologue à qui vous en parlez. Même après un si grand nombre d'années consacré à étudier cette affaire, il est difficile d'adopter une position tranchée et définitive.

Ce qui est certain, c'est qu'en ufologie, on ne doit jamais penser en termes de croyance, mais toujours se baser sur les faits établis. La réflexion doit se bâtir à partir d'éléments vérifiés et fiables. Euclide, mathématicien de la Grèce antique, auteur des *Éléments*, un des textes considérés comme fondateurs des mathématiques, expliquait déjà 300 ans avant Jésus-Christ que « Ce qui est affirmé sans preuve peut être nié sans preuve ».

Trop souvent, on peut lire sur le net ou entendre lors de conférences des affirmations à l'emporte-pièce, non vérifiées et non vérifiables. L'argument d'autorité est alors roi. Il est facile d'annoncer qu'on sait ce que sont les ovnis, qu'il existe 44 espèces différentes d'aliens qui parcourent la planète, mais, sans preuve, quelle crédibilité accorder à ce type de déclaration ?

Aucune, évidemment.

C'est pourquoi, dans ce livre, ne sera affirmé que ce qui a pu être vérifié, soit du fait de témoignages multiples concordants, de traces écrites conservées dans telles ou telles archives, ou d'informations concordantes obtenues grâce à des échanges épistolaires[11]. Les lettres envoyées par Rose C à P.A.L.M.O.S. constituent la source privilégiée des nouveaux points abordés ici. Un effort a été fait pour les interpréter le moins possible, sauf à certains moments bien signalés. Si, d'aventure, nous venions à nous égarer sur des sentiers incertains, douteux ou remis en cause, le lecteur en serait également averti.

Et à aucun moment le fait de « croire » ne sera associé à un jugement dépréciatif si la discussion argumentée parvient à s'installer.

Prise de contact.

En 1973, Rose C a 45 ans. Déjà deux fois grand-mère, elle réside à Bouillargues, une petite commune du Gard proche de Nîmes. Elle porte en elle un lourd secret et il est temps pour elle de s'en ouvrir

---

[10] C'est ainsi que fut tout d'abord nommé le témoin par le groupe P.A.L.M.O.S.

[11] De plus en plus souvent virtuelles.

à d'autres. Le dimanche 26 août 1973, elle rédige puis adresse une première lettre au groupe P.A.L.M.O.S. Ce premier pas va être à l'origine de bouleversements de grande ampleur dans sa vie et dans celle des ufologues qui vont enquêter sur ses déclarations.

21 ans plus tôt, le 10 avril 1952, Rose C a vécu un événement incroyable qu'elle a toujours caché de peur de passer pour une mythomane ou une folle. Le groupe P.A.L.M.O.S. étant connu, dans le bon sens, pour son intérêt pour les manifestations d'ovnis, Rose C se sent assez en confiance pour raconter son expérience à condition que son nom ne soit pas divulgué. Aujourd'hui encore, rares sont ceux qui connaissent son véritable nom.

En 1952, Rose C a une fille de quatre ans et est divorcée. Elle s'entend cependant toujours bien avec son ex-mari. Pendant les vacances de Pâques[12], elle lui a confié leur fille et a décidé d'aller passer 15 jours dans un mazet familial avec ses deux chiens, Pataud et Sulki, qui vont pouvoir profiter du vaste terrain. Le mazet est des plus rustiques, sans électricité, mais avec un puits creusé par le grand-père de Rose.

Une photo des lieux prise par J.P. Charton du groupe P.A.L.M.O.S. en 1973.

---

[12] Pâques tombait le 13 avril en 1952.

Durant la nuit, les grognements des chiens réveillent la jeune femme. Elle est effrayée, car le mazet est isolé, elle est seule et se sent sans défense. Elle fait taire les chiens afin d'écouter les bruits au-dehors. Rose n'entend rien, mais les chiens sont agités. Faisant preuve de courage, elle décide d'aller voir dehors ce qui perturbe les chiens.

En pantoufle et l'imperméable par-dessus la chemise de nuit, munie d'une lampe de poche, Rose se glisse doucement dehors, accompagnée par les chiens qui filent aussitôt en direction d'un autre mazet situé quelques 300 mètres plus loin. Rose entend un moment leurs jappements, puis plus rien. Elle pense alors qu'ils ont dû suivre la piste d'un lapin et sa peur s'en va. Elle se dirige alors vers le second mazet, à la suite des chiens. Au fur et à mesure qu'elle s'en approche, il lui semble entendre des voix.

Il lui vient à l'esprit que des inconnus sont en train d'essayer de s'introduire dans le second mazet. Elle se cache derrière un muret de pierre, espérant les voir sans être vue.

Ce qu'elle distingue en premier, c'est une énorme chose noire, plus grande que le mazet, difficile à distinguer dans la nuit. Elle aperçoit ensuite des gens sans pouvoir bien les distinguer non plus, Pataud et Sulki auprès d'eux. Ces derniers, se rendant compte de la présence de leur maîtresse, se mettent à courir dans sa direction en jappant, puis repartent vers les inconnus, reviennent, repartent… Jusqu'au moment où une lumière aveuglante illumine la nuit et éblouit Rose C. La lumière s'éteint aussitôt et Rose perçoit que quelqu'un s'approche…

Une voix demande : « Qui êtes-vous ? »

Rose lui répond du tac au tac, braquant sa lampe de poche sur l'intrus : « Et vous-même, qui êtes-vous ? Je suis ici chez moi et que venez-vous y faire ? ».

L'inconnu est aussitôt rejoint par deux autres personnes qui se mettent à lui parler dans une langue incompréhensible pour la jeune gardoise.

Si le premier individu a l'air normal aux yeux de Rose[13], les deux autres l'impressionnent par leur taille qu'elle évalue à au moins 2,50 mètres et leur voix grave. Bruns, ils sont vêtus comme des « hommes-grenouilles », selon l'expression employée par Rose C dans

---

[13] Sa taille est semblable à celle de Rose C.

son courrier du 5 août 1975. Et, ô surprise, Pataud et Sulki se laissent gratter la tête par les géants et cela semble leur plaire ! Le premier homme lui dit alors en bon français de ne pas avoir peur.

Bravache, Rose C ment avec aplomb : « Je n'ai pas peur ! »

L'homme normal, comme Rose C a pris l'habitude de l'appeler, lui explique alors qu'il est de nationalité française, instituteur de profession et qu'il vit depuis plus de 20 ans avec « ces gens là-haut ». Tout en parlant, il lui montre le ciel. Il lui annonce aussi qu'ils voyagent avec cet énorme engin que Rose C a aperçu un peu plus tôt. Il lui est toujours très difficile de le distinguer, mais elle voit une vaste forme ronde.

Il lui demande ensuite si elle n'a pas des livres ou des journaux à leur donner. Il semble bien à Rose qu'il y a tout ça dans le petit mazet, mais elle n'a aucune envie de se trouver enfermée avec ces individus. Comme s'il avait perçu ses craintes, un des géants met sa main sur la sienne et elle « sait » tout d'un coup qu'ils ne lui feront pas de mal. Ils entrent donc dans le petit mazet.

La porte se referme derrière eux et les étrangers allument une sorte de lampe qui éclaire l'intérieur comme en plein jour. Rose C peut enfin bien voir les géants. Ils lui semblent bien proportionnés, simplement immenses. Le teint mat, les cheveux très noirs et ondulés, ils sourient. Même leurs dents semblent normales. Il est probable que Rose C se soit sentie totalement soulagée à ce moment-là, d'autant plus que les chiens continuent à faire la fête à ces « pas si étranges » personnages.

L'instituteur français lui apprend alors que ce n'est pas la première fois que le trio vient dans ce secteur, mais c'est la première fois qu'ils rencontrent quelqu'un. Vingt ans plus tôt, victime d'insomnie, il était sorti marcher dans la campagne lorsqu'il avait fait une rencontre semblable à celle que Rose C est en train de vivre. Les étrangers lui ayant demandé, il accepta bien volontiers de les suivre, par curiosité et parce qu'il n'avait pas de famille.

Rose prit peur de nouveau. Elle ne veut pas être enlevée. Comme s'il avait perçu son trouble, un des géants remet sa main sur celle de Rose, la prend entre les siennes. Elle constate alors que leur température est bien plus élevée que la sienne. Le géant s'adresse alors à l'instituteur qui dit à Rose : « Il sent que vous êtes effrayée, mais on ne vous fera pas de mal. Seuls ceux qui sont volontaires viennent avec nous ! » Rose était de nouveau rassurée.

Elle ose alors lui poser des questions, sur sa vie, les habitudes des étrangers… Il lui apprend que là d'où ils viennent, là-haut, c'est comme sur Terre… Il y a des mers et des océans, des montagnes, des maisons, des habitants et des animaux. Seulement, tout est plus grand ! Même la lune de leur planète est plus grosse que la lune de la Terre.

Rose finit par leur donner toute la lecture disponible : des catalogues de mode des *3 Suisses* ou de *La Redoute*, un énorme volume cartonné du *Comte de Monte Cristo*, de vieux journaux… Rose leur indique que tout cela est bien vieux, démodé, mais cela leur est égal : l'homme normal lui dit que c'est uniquement pour aider à apprendre le français aux autres.

Rose demande s'ils croient en Dieu sur leur planète. Une fois la question traduite, un des géants prend une boîte qui était posée sur un vieux bahut, l'ouvre et vide son contenu sur le dessus du meuble. L'instituteur traduit ensuite :

« Regardez cette boîte. Que contient-elle maintenant ? »

« Rien ! », répond Rose C.

« Alors, si je la ferme hermétiquement et que je la laisse un siècle ainsi, que trouvera celui qui l'ouvrira dans 100 ans ? »

« Rien. »

« Pourquoi ? »

« Parce que personne n'y a rien mis avant de la fermer ! »

« Et voilà, on n'a rien avec rien. Rien ne se fait seul. Là-haut, tout est mieux que partout ailleurs. Tous les gens sont en paix avec leur Créateur. Ils savent tous que le Créateur est ! »

Rose découvre qu'il y a aussi de très petits personnages là-haut. Ce sont des « enlevés volontaires » d'une autre planète où la lune est très petite ! Ces petits personnages sont spécialisés dans la miniaturisation et sont employés en conséquence.

Les visites périodiques sur Terre des géants sont motivées : l'espèce humaine devient une menace pour les autres mondes, ils viennent donc faire des prélèvements et assurer le suivi de notre espèce. Ils ont à cet effet des sacs où ils déposent leur butin : carottes, plantes diverses et variées, toutes sortes d'objets…

Rose leur demande ce qu'ils feraient si la Terre devenait un danger imminent pour eux. La réponse est claire : « Nous pourrions si nous le voulions anéantir des régions sans danger pour d'autres régions, ou nous pourrions faire pleuvoir des blocs de roche, des blocs de glace ou d'autres choses, à notre volonté ». Nous, l'espèce humaine, serions donc gravement menacée.

Une fois ressortis, Rose laisse à ses yeux le temps de se réhabituer à l'obscurité. Un des géants a une grosse boîte noire avec des boutons qui pend sur son estomac, attachée à son cou par une courroie, comme on porterait un appareil photo. Lui faisant signe de regarder un tas de grosses pierres, il tourne quelques boutons, faisant sans doute des réglages pense Rose, en sort un petit tube et, l'approchant de ses lèvres, se met à siffler.

Rien ne semble se produire. Aucun son n'est perçu par Rose C. Par contre, ses chiens s'agitent soudainement[14] en tous sens tandis que les grosses pierres s'élèvent lentement dans les airs et évoluent dans diverses directions, obéissant aux ordres du géant. Il les fait ensuite redescendre et reprendre leur place au sol.

Rose demande pourquoi ils sont restés au sol et comment cela se fait que seules les pierres se soient élevées dans les airs. L'instituteur précise que le réglage permet de n'agir que sur les objets choisis, les pierres en l'occurrence. Mais cela aurait fonctionné avec des blocs de glace, de fer, ou pour autre chose. Il conclut en annonçant qu'il leur faut partir.

L'un des géants demande à Rose C si elle veut partir avec eux. Elle refuse avec tant d'énergie et de gestes que tous se mettent à rire.

Rose comprend que, même s'ils sont plus grands, plus forts, plus avancés technologiquement, plus calmes peut-être, ils ressemblent aux êtres humains. Ils rient, ils parlent, ils aiment les chiens.

Maintenant, quand Rose lit dans la presse que les gens disent avoir vu des soucoupes atterrir avec de petits hommes verts ou rouges, à grosse tête ou avec de drôles de formes, elle sait que c'est faux. C'est pareil pour ceux avec des scaphandres, c'est faux. Ses extraterrestres à elle ont juste une combinaison qui ressemble à celle des hommes grenouilles.

L'instituteur prévient Rose C de se tenir à l'écart de l'engin lors du décollage : « Éloignez-vous de 100 mètres à peu près. N'ayez pas peur, tenez vos chiens, c'est tout. »

---

[14] Des ultrasons ?

Rose voit mieux l'engin : il n'est en fait pas posé, mais flotte à environ 1,50 mètre du sol, ne reposant sur rien. À plusieurs reprises, Pataud et Sulki sont passés dessous sans rien heurter.

L'instituteur remercie la jeune gardoise. Pour lui dire au revoir, il lui serre la main, imité par les deux géants qui lui prennent la main entre les leurs. « Jamais poignée de main n'avait été si réconfortante » se souvient Rose C.

Les trois visiteurs se dirigent vers l'engin, passent dessous en se baissant et semblent y entrer par le dessous.

« Reculez-vous ! » crie l'instituteur avant de disparaître.

Rose recule en emmenant ses chiens avec elle, se servant de la ceinture de son imperméable comme d'une laisse passée sous leur collier. Elle court et ne s'arrête qu'à environ 150 mètres de l'engin.

Elle le voit alors s'élever dans les airs presque sans bruit excepté une espèce de bruit de gros ventilateur, puis il accélère d'un coup, montant très vite. Rose a juste le temps de constater qu'il est effectivement de forme ronde avant de ne plus le voir.

Le décollage s'est effectué sans flammes visibles, ni oranges ni rouges ni vertes comme les journaux le relateront parfois plus tard au sujet d'autres observations. Rose C songera qu'il y a peut-être plusieurs « genres de visiteurs et d'engins ».

Rose reste un moment sur les lieux puis rentre avec ses chiens au mazet où elle se trouvait avant d'être alertée par Pataud et Sulki. Elle s'enferme à double tour et se couche, frigorifiée, éberluée et abasourdie. Elle vient de faire une RR3[15].

Le lendemain, elle retourne sur les lieux de l'étrange rencontre, toujours en compagnie de ses chiens. Rien dans le paysage ne semble avoir été perturbé par l'étrange rencontre nocturne. Aucun trou dans le sol, aucune végétation brûlée… Seules les grosses pierres qui s'étaient élevées dans le ciel prouvent qu'il s'est bien passé quelque chose : durant leur vol, elles ont dû se retourner et la partie qui était auparavant dessous, face au sol, se trouve maintenant face au ciel, conservant des traces d'humidité et de terre. Ces lourdes pierres avaient paru aussi légères que des bulles de savon cette nuit-là.

---

[15] Rencontre rapprochée du 3ème type selon la classification de Hynek.

Rose C précise encore qu'il n'y avait pas de radiations mortelles, émises par l'engin ou par l'appareil des étrangers, comme le racontent parfois les journaux : ses chiens ont continué à vivre longtemps après et elle n'est pas tombée malade non plus.

Toute cette histoire est tellement incroyable pour Rose C qu'elle l'a tenue secrète durant plus de vingt ans, par crainte qu'on la prenne pour une folle. Même son mari n'en a rien su !

En août 1973, à la fin de sa première lettre à P.A.L.M.O.S., elle exhorte les membres de l'association à rester discrets, à ne pas ébruiter son récit et à ne pas divulguer son identité afin de protéger sa vie, sa famille, ses deux filles et ses deux petits-enfants. Par contre, elle souhaite être tenue au courant si P.A.L.M.O.S. entend parler d'autres expériences du même type, avec les mêmes étrangers.

Des monstres et des brasiers ardents !

Au premier courrier de Rose C, P.A.L.M.O.S. répond le 28 août comme c'est aujourd'hui encore bien souvent le cas, par un questionnaire à remplir et à retourner. Rose n'en a cure et, plutôt que de répéter ce qu'elle a déjà écrit, elle préfère faire ses propres commentaires. La femme de caractère qu'est Rose C commence à se révéler.

Elle s'emporte tout particulièrement, contre la presse écrite qui parle de toutes sortes de monstres, avec des têtes énormes ou de couleur verte, de petites créatures, de soucoupes volantes et de brasiers ardents. Pour elle, tout ça n'est que balivernes !

Réagissant toujours à ce qu'elle a lu, elle précise qu'elle n'a souffert d'aucun trouble après son expérience, ni de saignement de nez, ni de brûlures.

Plus que tout, elle semble désireuse de préserver sa tranquillité, refusant toute publicité à son histoire, et souhaite savoir si une expérience similaire à la sienne a été partagée par d'autres. Cela lui semble improbable, mais elle espère…

Paradoxalement, elle semble aussi regretter de ne pas avoir vu des monstres verts et belliqueux, comme ceux dont on parle dans les journaux. Plus important, elle craint qu'on ne la prenne pas au sérieux. Ses extraterrestres à elles sont très sociables, technologiquement avancés, ils semblent avoir le désir de passer inaperçus. Seule leur taille gigantesque, et non leur comportement, les distingue de nous. Peut-être bougeaient-ils un peu plus lentement que les hommes, mais Rose n'est pas certaine que ce ne soit pas une impression.

En tout cas, Rose termine son second courrier en proposant d'accompagner une équipe de P.A.L.M.O.S. sur les lieux mêmes de la rencontre.

La rencontre qui aurait dû se faire courant octobre va être retardée par des travaux chez Rose C. Fin octobre, elle se déclare cependant prête à recevoir des représentants de P.A.L.M.O.S. à condition, bien entendu, qu'aucune publicité ne soit faite autour de cette entrevue et qu'ils n'aient pas peur de cheminer entre les sacs de ciments ou de gravats. Et de lancer aux gens de P.A.L.M.O.S. un dernier avertissement : « […] si c'est pour vous payer ma tête inutile de vous déranger ». C'était dit.

Ce sont finalement Jean-Pierre Charton et Bernard Dupi, qui n'a pas alors 17 ans, qui iront, les premiers, à la rencontre de Rose C. L'association nîmoise V.E.R.O.N.I.C.A. n'est pas encore entrée dans la danse. Un préalable à l'entretien a été établi : aucun enregistrement de ces entrevues[16] ne serait jamais fait et l'anonymat de Rose C serait préservé.

0/30/01/ Vacances de Pâques

) ENQUETE : La première enquête sur le cas Roméo Charlie fut réalisée en
ctobre-novembre 1973 par J.P. CHARTON et B. DUPI. M. CHARTON devait
evoir Rose C... régulièrement, mais à sa demande, il ne fut procédé à
ucun enregistrement et son anonymat fut conservé (touy comme la teneur
e son témoignage).
Aujourd'hui, l'aventure de ROMEO CHARLIE est publié dans un
ivre intitulé : "Rencontre avec les Extra-terrestres" aux éditions du
ocher. Pour donner une idée de ce que fut cette rencontre, le groupe
ALMOS publie intégralement la première lettre de Rose C... dans laquelle
lle nous faisait part de son témoignage.
L'intégralité du cas se trouve sur le livre de Rose C... et les
ecteurs qui voudront comparer, compléter leur information peuvent s'y
eporter.

TEMOIGNAGE DE ROSE C...

3.... JEUDI 26.08.73

lessieurs, Mesdames du Groupe PALMOS,

Il y a plusieurs années, 21 exactement qu'il m'est arrivé une
hose extraordinaire que j'ai toujours tenu secrète de peur d'être accusé
le mensonge ou de folie.
Même encore aujourd'hui, je veux bien vous apporter mon témoi-

Extrait de compte-rendu d'enquête (P.A.L.M.O.S.).

16 Source : OVNI INFO 34 n°5, automne 1979.

L'homme au hublot sur le front.

Les visites vont se succéder sans que cela n'arrête les échanges épistolaires, ce qui est une chance pour celui qui veut se pencher sur le dossier des décennies plus tard alors que bon nombre d'acteurs de cette époque ont disparu[17].

C'est lors d'un courrier daté du 18 janvier 1974 que Rose C fait allusion pour la première fois aux rêves étranges qui ont commencé depuis qu'elle repense à sa rencontre avec les gentils géants et leur instituteur. La nuit, dans son sommeil, elle voit le visage de « l'homme au hublot sur le front ».

Il lui parle, mais elle a du mal à le comprendre. Rose lui répond en créant des images dans son esprit. Un des sujets abordés par Rose C est le groupement P.A.L.M.O.S. qui semble avoir pris une grande place dans sa vie. L'homme au hublot sur le front dit connaître P.A.L.M.O.S. et que ses membres peuvent être considérés comme non hostiles.

Cet homme au hublot sur le front a avoué à Rose C avoir longtemps essayé de la contacter en vain. L'esprit de Rose C repoussait toutes ses tentatives de contact. Jusqu'à ces derniers temps.

Rose C a aussitôt associé cet homme au hublot à ses étranges visiteurs géants.

Comme en janvier 1974 l'actualité est pleine de la comète Kohoutek, Rose lui a demandé s'ils étaient sur la comète, ce qui a provoqué un éclat de rire chez son visiteur nocturne. Ils n'ont donc aucun rapport avec la comète.

À une occasion, dans les derniers jours de 1973, le contact a été si fort que Rose s'est levée, est sortie sur sa terrasse et a pu observer à sa hauteur une sorte de cymbale dorée, de taille normale et bien proportionnée si ce n'est qu'elle semblait un peu trop plate, qui flottait dans l'air et qui a fini par partir.

À d'autres moments, l'homme au hublot sur le front fait voir à Rose C des choses extrêmement étranges qu'elle ne comprend pas. Elle essaye de lui expliquer que quelqu'un de P.A.L.M.O.S. serait

---

[17] Il me semble important de remercier à nouveau Bernard Dupi qui a conservé à l'abri de toute dégradation la correspondance entre P.A.L.M.O.S. et Rose C, m'a permis d'en prendre connaissance et de scanner chacune des lettres, ainsi que les membres de V.E.R.O.N.I.C.A. qui ont été les premiers à m'ouvrir leurs archives et à me conter leurs souvenirs.

peut-être plus à même de comprendre, mais il semble que ce type de contact ne fonctionne pas avec tout le monde. Elle n'hésite cependant pas à inciter fortement P.A.L.M.O.S. à tenter d'entrer en contact avec les extraterrestres et les interroge pour savoir si « lorsque j'essaie de leur parler de vous, vous n'êtes pas réveillés en sursaut ? »[18]

Il apparaît clairement et de façon récurrente dans ses écrits que Rose C n'a pas confiance en elle[19] même si ses formules sont bien choisies. Étant peu allée à l'école, se considérant comme une simple paysanne, elle estime que P.A.L.M.O.S. saurait mieux tirer profit d'un échange avec ses visiteurs.

Elle s'interroge sur ce qui l'a fait choisir elle, une paysanne ordinaire, une catholique qui ne va jamais à la messe, qui n'a pas de relations haut placées.

Parfois elle s'insurge : « De quel droit [...] vient-on me troubler ? »

À certains moments, l'homme au hublot sur le front prend un livre, l'ouvre et semble vouloir lui faire comprendre qu'il s'agit du « livre du savoir ». À chaque fois que Rose essaie de lire ce qu'il y a écrit, c'est tellement flou qu'elle doit faire d'énormes efforts de concentration pour que cela devienne lisible... mais cela ne le devient jamais. Sa tête lui fait tellement mal qu'elle abandonne avant.

Parfois, elle a l'impression de se déplacer à toute vitesse dans des souterrains qui sont de vrais labyrinthes. Enfin arrivée dans un lieu bizarre et mystérieux, elle sait qu'elle est sur le point de découvrir quelque chose de fantastique, mais... elle se réveille d'un coup !

Il y a là de quoi générer frustration et énervement, même chez un caractère moins bien trempé que celui de Rose C.

Dans une des visions que lui fait parvenir l'homme au hublot, une vision qui revient souvent, Rose est dans un pays étranger qui lui est inconnu, mais elle sait pourtant que c'est l'Égypte. Le pays est noyé sous la pluie et la grêle fait d'énormes dégâts, il y a des incendies partout et beaucoup de fumée. Ce rêve l'effraie et la grêle, énorme, telle des blocs de glace, lui rappelle sa rencontre avec les géants et leur appareil capable de « jouer » avec les matériaux.

---

[18] Rose ira même jusqu'à donner à J.P. Charton une espèce de mode d'emploi pour faciliter la connexion entre P.A.L.M.O.S. et l'homme au hublot sur le front.

[19] Ou alors c'est une extraordinaire manipulatrice !

Plus le temps passe est plus Rose C est persuadée que les extraterrestres essaient de lui faire savoir, de lui faire comprendre quelque chose. Elle n'arrive cependant pas à savoir de quoi il s'agit.

Dans le même temps, elle se demande si tout cela a un rapport. Est-il bien certain que l'homme au hublot sur le front appartient au même peuple, à la même planète que ses visiteurs de 1952 ? Et si ce n'était pas le cas ? L'angoisse l'étreint, Rose est perturbée, surtout que les travaux de maçonnerie ne sont toujours pas terminés et que sa famille est obligée de se cantonner dans deux pièces de la maison.

Parenthèse R.M.C.

Le 4 décembre 1973, Rose C a rédigé un courrier avec pour destinataire Jacques de Saint-André qui officie à l'époque à R.M.C.[20]. Le contenu s'est hélas perdu, mais, sachant qu'il faisait suite à une émission sur les ovnis et les apparitions d'extraterrestres, on peut aisément en imaginer la ligne directrice[21].

Le journaliste Saint-André lui répond le 30 janvier 1974 et la remercie pour les renseignements envoyés et se déclare tout disposé à recueillir d'autres éléments et précisions. Il lui indique même un moyen de le contacter en privé, garantissant ainsi une certaine confidentialité à Rose C.

De son côté, Rose C suggère à P.A.L.M.O.S. de mettre pleinement dans la confidence le journaliste de R.M.C. En effet, dans son courrier, elle ne lui a raconté que les grandes lignes, mais s'il s'avère sérieux et honnête, il serait peut-être judicieux selon elle de tout lui raconter.

Il semble ici important de noter que lors de cet épisode, contrairement à ses souhaits antérieurs, Rose C s'est exposée à un média et à la publicité qu'elle fuyait jusque-là. Cela n'a été qu'une parenthèse dans son aventure, une parenthèse qui aurait pu la révéler au public avant l'heure…

L'idée de parler de son aventure dans les médias fait donc petit à petit son chemin dans l'esprit de Rose C. Dans un courrier du 7 mars 1974, elle envisage à nouveau de faire part de son histoire si c'est vraiment important, de façon anonyme cependant.

---

[20] Radio Monte-Carlo.

[21] Rose C a probablement dû s'élever contre les descriptions non conformes à son expérience et rectifier le tir par une description de ses visiteurs.

Effrayée par les images qui s'imposent à son esprit.

Dans un courrier du 5 février 1974, Rose C insiste sur le fait qu'elle est effrayée par toutes ces images qui s'imposent à son esprit. Par contre, communiquer avec des extraterrestres ou savoir qu'ils existent ne la dérange pas.

Les rêves la surprennent non pas en plein sommeil, mais plutôt lorsqu'elle est en demi-sommeil. Elle se sent soudain comme isolée de son environnement, comme rendue sourde, car les bruits de la maison disparaissent. Elle a parfois tenté de faire du bruit pour vérifier, mais non, elle n'a rien entendu.

Survient alors une lumière violette qui s'éclaircit peu à peu. Apparaît alors dans son esprit le visage un peu flou de l'homme au hublot sur le front. Lorsqu'elle essaie de lui communiquer des phrases, l'homme au hublot secoue la tête, mais il semble approuver si ce sont des images que forme Rose.

Lorsque la communication s'arrête, cela se fait lentement, comme une image qui s'estompe, ou alors des flashs lumineux brouillent l'image qui finit par disparaître.

Souhaitant demander à l'homme au hublot sur le front d'où viennent les extraterrestres, Rose C a eu l'idée de former dans son esprit l'image d'un ciel nocturne, tout noir, constellé d'étoiles brillantes. L'image que lui a renvoyée l'homme était celle de planètes, d'ellipses, mais cela n'a pas fourni à Rose C la réponse qu'elle espérait, une réponse compréhensible. Comment aurait-elle pu localiser un système qui lui était inconnu ?

Un mot étrange accompagnait le schéma.

L'étrange mot de Rose C.

Pour Rose, il devait s'agir du nom du système ou de leur planète. Dans la foulée, l'homme au hublot lui montre ce que Rose appelle dans ses écrits un faune, une créature de la mythologie romaine mi-homme mi-bouc, un satyre en fait. Mais quelques lignes plus loin, elle la décrit comme mi-homme mi-cheval, une autre créature mythologique, grecque encore une fois, connue sous le nom de centaure.

Rose C en vient à se demander si les extraterrestres nous considèrent comme des « faunes » ou si ces créatures vivent « là-haut ».

L'autre option qui revient, à laquelle elle pense souvent, c'est la folie. Dotée depuis toujours d'une santé de fer, comme tous ceux de sa famille, elle ne s'inquiète cependant pas trop.

Conséquence de ces derniers échanges avec l'homme au hublot sur le front, elle aimerait que P.A.L.M.O.S. lui trouve un scientifique de confiance qui accepterait de l'aider à comprendre. Il faudrait un scientifique à la fois discret et bénévole.

À certains moments, lorsque Rose C transmet à son visiteur des images d'extraterrestres tels qu'ils sont évoqués par certains témoins dans les médias, il lui renvoie l'image de billets de banque, comme si tout cela n'était que « business » peu reluisant. Rose craint de voir les extraterrestres lui retirer leur confiance si de son histoire naissait une histoire d'argent.

À cette époque, à force de voir des émissions sur les extraterrestres[22], Rose C commence à s'inquiéter des prochaines rencontres entre humains et visiteurs. À force de les présenter comme des créatures monstrueuses, elle imagine fort bien les réactions violentes que pourraient avoir les prochains humains face aux extraterrestres. Rose pense que nous pourrions les tuer par peur[23] !

Le 4 février 1974, elle a en fait regardé sur *Actuel 2*[24] un débat présenté par François de Clozet sous le titre : *Le dossier des soucoupes volantes*, avec Pierre Guérin[25] comme principal intervenant.

---

[22] Au milieu et à la fin des années 1970, le thème est devenu très populaire, on peut même parler d'âge d'or de l'ufologie en France jusqu'au début des années 1980.

[23] Aujourd'hui, la population pense plutôt que c'est nous qui aurions à craindre pour notre façon de vivre, notre culture, notre liberté, nos vies.

[24] France 2 aujourd'hui.

Une forme de téléviseur s'invite aussi dans les rêves de Rose C, ou du moins une boîte qui ressemble à un téléviseur. Au milieu, un petit rond très lumineux se distingue, élément solitaire sur une boîte unie. Un malade est là, on l'aide à respirer et le rond lumineux grossit. Lorsqu'il expire, la taille du rond diminue. Rose C assiste à ce spectacle durant plusieurs minutes puis elle remarque les planches de dessins : un corps est représenté étendu, des tentacules le parcourent de l'intérieur, dans les bras, le torse, le cou.

Certains dessins représentent des agrandissements de parties du corps, ou des corps allongés dans différentes positions et l'un d'eux montre ce que Rose C appelle un petit fantôme avec une pique. Il est représenté comme s'il était destiné à prendre place à l'intérieur du corps, ou qu'il y était déjà, mais qu'on l'avait dessiné en dehors pour bien faire comprendre son rôle qui est sans doute celui de combattre la maladie.

Nous sommes alors en février 1974 et Rose C vient de faire intervenir la nanotechnologie dans son récit. Une nanotechnologie au service de la médecine extraterrestre.

La notion de nanotechnologie existe bien évidemment à cette époque. En décembre 1959, devant la Société américaine de physique, Richard Feynman établit le constat que le domaine de l'infiniment petit a été ignoré par la science jusque là et que tout reste à faire. Il envisage même d'écrire l'intégralité de l'Encyclopædia Britannica sur une tête d'épingle. Irréalisable à l'époque, sans problème technique de nos jours.

Le développement des nanosciences et des nanotechnologies doit cependant attendre le début des années 1980 pour que les médias relaient les informations, avec en particulier le premier microscope à effet tunnel d'I.B.M.

Autant dire qu'en février 1974, Rose C, qui n'a que peu d'instruction bien que son expression écrite soit irréprochable, a peu de chances de maîtriser les travaux de Feynman publiés en anglais aux États-Unis quinze ans plus tôt.

Alors, que faut-il en conclure ?

---

[25] Astrophysicien au C.N.R.S., auteur de *Les mécanismes d'une désinformation*, publié aux éditions Albin Michel en septembre 2000.

Un autre dessin montre un individu debout, face à un autre allongé dont le cerveau est apparent, comme si on lui avait ôté le haut du crâne, et des ondes semblent se diriger de celui qui est debout vers celui qui est allongé.

Les petits fantômes se multiplient tout d'un coup dans le corps de l'individu allongé et les tentacules reculent, deviennent plus petites, occupent moins d'espace. Elles disparaissent presque toutes et ne subsistent qu'en un seul endroit.

Dans le dessin suivant, le corps est ouvert là où les tentacules subsistent encore et on lui retire ce qui demeure de la maladie.

Le dessin du corps ouvert (Rose C).

Une petite cuillère de Théralène avant d'aller au lit.

C'est ce qu'a l'habitude de prendre Rose C avant d'aller se coucher. Nous l'apprenons grâce à sa lettre du 8 février 1974 essentiellement consacrée aux dessins médicaux.

Le Théralène est un antihistaminique de la famille chimique des phénothiazines. Il a des propriétés antiallergique, antitussive, sédative (hypnotique) et atroponique.

S'il est efficace pour dormir, il a aussi des effets secondaires indésirables. Le Théralène peut provoquer une certaine confusion des idées ainsi que des hallucinations, ainsi que plus rarement, de l'agitation, de la nervosité, des insomnies.

Cela ne veut bien sûr pas dire que les échanges relatés par Rose C étaient forcément provoqués par ce médicament. Ceux qui l'ont connue dans les années 1970 et 1980, qui l'ont fréquentée à de maintes reprises, qui ont enquêté sur le dossier, qu'il s'agisse de membres de P.A.L.M.O.S. ou de V.E.R.O.N.I.C.A. n'ont rien remarqué allant dans ce sens. L'équipe de P.A.L.M.O.S. s'était cependant inquiétée de cette prise de médicaments à l'époque sans en tirer de conclusion invalidant le témoignage de Rose C.

Prendre du Théralène a un gros avantage selon Rose C : il lui permet de mieux dormir, d'être moins dérangée par l'homme au hublot sur le front.

Fin mars, suivant les conseils de sa fille, elle remplacera le Théralène par du sirop de Phenergan qui peut avoir les mêmes effets indésirables.

Un Monsieur accompagné de deux autres messieurs.

Le mardi 5 mars 1974, Rose a la surprise de recevoir la visite de trois hommes, visite qu'elle va relier à sa brève correspondance avec Jacques de Saint-André de R.M.C. Si Rose leur raconte l'histoire de sa rencontre au mazet, elle n'ose pas aborder les autres histoires, ses visions nocturnes, le Théralène.

Ils lui promettent de lui envoyer une photo de soucoupe volante qui ressemble à la description de ce qu'elle a vu cette fameuse nuit de 1952. Ils lui parlent aussi d'autres témoignages : des personnes auraient vu un homme immense ressemblant à un humain, et un autre plus petit.

Si elle aimerait bien parler avec ces témoins, elle refuse de se laisser hypnotiser comme le demandent ces trois hommes.

Cette visite n'a pas semblé beaucoup plaire à Rose C. Elle l'a peut-être même inquiétée. Du coup, elle se sent encore plus isolée face à ce qui lui arrive. Ne pouvant en parler à ses proches, c'est encore une fois vers P.A.L.M.O.S. qu'elle se tourne.

Alpha du Centaure.

Fin mars 1974, Rose C pense savoir pourquoi l'homme au hublot la contacte, elle et pas Jean-Pierre Charton de P.A.L.M.O.S.

Alors qu'une fois de plus elle tentait de lui expliquer qu'elle souhaitait le voir communiquer avec P.A.L.M.O.S., l'homme au hublot sur le front lui a renvoyé l'image d'une main sur le crâne de Rose C et d'une boîte semblable à celle qu'avait le géant dont il tournait les boutons. Elle en déduit qu'elle seule a été préparée au contact, il lui semble donc maintenant impossible que son souhait soit exaucé.

Par contre, elle pense avoir avancé au sujet de la planète des extraterrestres. Ou pas. Dans un courrier du 22 mars, elle informe P.A.L.M.O.S. que suite à un jeu d'associations d'images et de lettres, le lieu d'où viennent ses étranges visiteurs pourrait bien s'appeler Alpha. Puis, Rose, en repensant au faune ou centaure qu'on lui a montré, finit toutefois par conclure que la conversation aurait plutôt porté sur un alphabet, le faune et le centaure pouvant être assimilés à une bête : alpha + bête…

Il est facile avec le recul, la vulgarisation des connaissances astronomiques, d'envisager aussi une autre possibilité qui avait échappé à Rose C en 1974. Peut-être fallait-il comprendre Alpha du Centaure, un système de trois étoiles où l'on a découvert aujourd'hui au moins une planète potentiellement habitable de façon certaine et où l'existence d'autres est jugée probable.

Ce système Alpha Centauri a pour plus proche voisin… notre bon vieux système solaire. À peine 4,37 années lumières[26] nous séparent. Dès 1940, le célèbre écrivain de science-fiction Isaac Asimov y situait une civilisation extraterrestre, celle des Solariens. Depuis, d'autres ont suivi son exemple : Star Trek, Avatar, Kaamelott…

Lorsque Rose montre à l'homme au hublot sur le front des images de vaisseaux spatiaux comme on les voit dans les journaux, avec des formes de lentille, de soucoupe, il lui fait clairement comprendre qu'il ne s'agit pas de leurs vaisseaux. Plusieurs races d'extraterrestres pourraient-elles donc visiter la Terre ? Ou bien viennent-ils de la Terre ? Une vision de soucoupe volante sortant d'une montagne qui s'ouvre le lui laisse penser. Mais peut-être s'agit-il aussi d'une base extraterrestre souterraine ?

---

[26] La lumière met 4,37 ans pour franchir le trajet entre les deux systèmes.

À cette époque, Rose retrouve des visions de bouleversements, « des images de révoltes, de feu, de destruction ». L'image d'une pyramide revient aussi.

Elle considère de plus en plus fréquemment qu'il y a derrière tout ça un message qu'il devient urgent de comprendre. Sa théorie est que le feu et les destructions sont provoqués par les pilotes de ces soucoupes volantes, mais que « ses extraterrestres à elle » pourraient intervenir pour aider les humains.

Les visions continuent à la perturber, mais elle commence aussi à considérer l'homme au hublot comme un sacré pessimiste ! La vie sur Terre n'a rien à voir avec ce qu'on lui montre, ce n'est pas si mal dans l'ensemble.

Des volcans en feu, des océans bouillonnants, des ruines et un suicide.

Sacrée dame que Roméo Charlie ! Comme les choses ne vont pas assez vite pour elle, elle n'hésite pas à mettre la pression sur Jean-Pierre Charton dans une lettre du 2 avril 1974. P.A.L.M.O.S. ne lui a pas donné de nouvelles depuis… un mois.

Elle continue à percevoir des tremblements de terre et des émeutes, puis apprend par les médias que cela s'est réalisé quelque part sur Terre. D'ailleurs, les images qu'elle reçoit et qui sont appelées à se réaliser dans les jours qui suivent ont la particularité d'être intercalées avec des clignotements de lumière violette.

D'autres au contraire, ne comportent pas ces clignotements : ce sont celles qui reviennent à l'identique à intervalles réguliers. Rose C revoit ainsi le même homme vêtu de blanc, couché, avec une grande chaise bizarre derrière lui. De part et d'autre, un homme. L'un est Blanc, l'autre Noir.

Au début, il y a toujours un volcan qui crache « du feu » au milieu d'autres volcans et de l'eau qui bouillonne à la surface d'une mer ou d'un océan. Quelque chose sort alors de l'eau, comme un îlot, qui grandit au milieu de tout ce bouillonnement aquatique et devient immense. Rose observe des ruines sur l'île, des ruines antiques avec des colonnes couvertes de coquillages.

Il y a aussi un pays où les côtes sont balayées par d'énormes vagues, et une ville gigantesque qui ressemble à New York tellement les bâtiments sont élevés, lorsqu'ils ne sont pas détruits.

Rose ne perd pas le Nord même si elle trouve ces visions abominables. Elle va même jusqu'à essayer d'en tirer parti en demandant à l'homme au hublot les résultats du prochain Tiercé ! Après quoi elle ne l'a pas revu pendant plusieurs jours[27], ce qui lui fait conclure que les extraterrestres ne sont pas des anges, ils peuvent avoir mauvais caractère.

Ceci dit, il arrive aussi à Rose C de refuser le contact : elle allume alors la lumière, se lève, s'agite, jusqu'à ce qu'elle sente qu'il a cessé d'essayer d'entrer en contact avec elle.

Dans une lettre de fin mars, Rose C annonce aussi le suicide prochain de quelqu'un de « très en vue, que tout le monde connaît », quelque part sur Terre. Elle parle d'un homme. S'agit-il de la première tentative de suicide ratée de Mike Brant le 22 novembre[28] ? Ou peut-être de Christine Chubbuck, présentatrice de télévision sur une chaîne de Floride, devenue tristement célèbre suite à son suicide en direct[29], le premier de l'histoire, le 15 juillet 1974 ?

Ce mois de mars 1974 voit s'accentuer le désir de Rose C de communiquer ce qu'elle vit à davantage de gens, aux journaux en particulier auxquels elle souhaite écrire. Il semble qu'à ce sujet P.A.L.M.O.S. ait eu un rôle pondérateur, soulignant par exemple le risque de voir des gens débarquer d'un peu partout pour interroger Rose.

L'explosion de Flixborough.

Le 1er juin 1974, à Flixborough, à 260 km au nord de Londres, une explosion accidentelle se produit dans une usine chimique, suite à une fuite de cyclohexane (un hydrocarbure). Le site est rasé et le bruit de la déflagration est entendu à plus de 50 km. Des incendies se déclenchent, les flammes atteignent 70 à 100 mètres de hauteur. 81 personnes sont tuées, des centaines sont blessées, 3 000 habitants de la région sont évacués.

---

[27] Il aurait boudé tout ce temps.

[28] Le 25 avril 1975, le célèbre chanteur et compositeur israëlien réussira sa seconde tentative.

[29] Fait rare pour une femme, Christine Chubbuck se tire une balle dans la tête, derrière l'oreille droite.

Or, dans un de ses courriers de fin mai, Rose avait indiqué qu'il allait se produire une explosion et qu'elle avait vu d'immenses colonnes de flammes. Pour elle, sa vision s'est concrétisée au Royaume-Uni, à Flixborough.

Il en va de même pour les tremblements de terre annoncés. Par exemple, celui de Yibin, dans le centre de la Chine, d'une magnitude de 6,8, survenu le 10 mai 1974, et qui a fait 20 000 morts.

Si Rose C'est toute prête à accepter que les extraterrestres puissent prévoir les tremblements de terre ou les tempêtes grâce à leur technologie, il lui est plus difficile d'admettre qu'ils puissent prédire l'avenir de façon générale. Mais comment expliquer autrement la vision de Flixborough ? À moins de remettre sur le tapis la possibilité que les extraterrestres soient à l'origine de ces événements.

La Terre, une sorte de bagne...

Dans une lettre du 8 mai 1974 à M. Charton de P.A.L.M.O.S., Rose C évoque pour la première fois une information qui était sous-jacente depuis quelque temps : elle est en contact avec Guy Tarade, un éminent écrivain versé tant dans l'ufologie que le paranormal, proche de Jimmy Guieu et de Charles Gouiran, président du groupe V.E.R.O.N.I.C.A.

Mis au courant de son histoire, Guy Tarade a envoyé à Rose C un de ses livres, *Soucoupes volantes et civilisations d'outre espace* paru en 1969 dans la collection « J'ai lu, l'Aventure mystérieuse ». Plus tard, en 1979, il mentionnera l'extraordinaire rencontre de Rose C dans *OVNI : Terre, planète sous contrôle*[30].

Rose l'a lu et pense que tout ou peu s'en faut concorde dans ce livre avec ce qu'elle vit. Il lui a permis de mieux comprendre son expérience. Ainsi, elle s'était mise en tête que les tremblements de terre et autres catastrophes dont elle a la vision étaient provoqués par les extraterrestres. Suite à la lecture de *Soucoupes volantes et civilisations d'outre espace*, elle réalise qu'ils ne font que les prévoir.

De la même façon, un message qui était resté confus jusque-là devient plus clair : Rose a la certitude que des chefs d'Etat vont « tomber d'une façon ou d'une autre ». Elle évoque le Président Pompidou, décédé en fonction le 2 avril 1974 des suites de la maladie de Waldenström, le chancelier

30 Pages 103 et 104, dans le chapitre 4 : « Les contacts : l'acceptation à contre-cœur. »

allemand Willy Brandt qui vient de démissionner le 7 mai, et même le Président des États-Unis Richard Nixon dont elle annonce la chute prochaine, qui aura effectivement lieu suite au scandale du Watergate. Il démissionne le 9 août 1974.

Dans le livre de Guy Tarade, elle retrouve certaines notions utilisées par l'instituteur qui accompagnait les géants lorsqu'il lui a expliqué qu'ils croyaient en Dieu, un dieu créateur. Ce livre est une révélation pour elle, même si elle n'est pas d'accord avec tout ce qui y est écrit.

On y parle aussi d'un procédé utilisé à l'époque de la construction des pyramides permettant de transporter d'énormes blocs de pierre. Or elle a vu un appareil de ce type en action lors de sa rencontre avec les géants.

Cette lecture lui permet également d'être moins inquiète, plus détendue : elle n'est pas folle, d'autres ont témoigné d'expériences similaires. Tout est écrit.

Un autre auteur, Jean-Pierre Monteils[31], s'intéresse au dossier Rose C et, tout comme Guy Tarade, prévoit de consacrer à son récit une partie de son prochain ouvrage. Là encore, Rose y voit un moyen de finir par entrer en contact avec quelqu'un qui vivrait les mêmes choses qu'elle.

Afin de prouver son sérieux et éviter de passer pour une folle, elle a passé durant l'été 1975 une série d'examens médicaux, dont un électroencéphalogramme, qui n'ont rien révélé d'anormal chez elle. Rose est en bonne santé, aucune anomalie n'a été constatée dans son activité cérébrale.

Sa vision des extraterrestres, le temps passant et les expériences s'accumulant, s'affine : elle les voit désormais comme des créatures proches de l'omniscience, à même de connaître les tenants et les aboutissants de toute chose.

Les membres de P.A.L.M.O.S. ayant échoué à communiquer avec les extraterrestres, Rose C compte sur Guy Tarade pour relancer l'idée et obtenir un maximum d'informations de ses visiteurs.

Tant qu'il ne donne pas « mon nom dans un de ses livres » !

En décembre 1974, il apparaît clairement que la correspondance avec Guy Tarade apporte un plus à Rose C. Il l'a ainsi confortée dans la pensée que certaines de ses « prédictions » sont advenues. Selon les écrits de Rose C[32], il lui a aussi donné des « sortes de codes » afin de communiquer avec les extraterrestres.

---

[31] Du groupe nîmois V.E.R.O.N.I.C.A.

[32] Lettre du 16 octobre 1975.

Vérifier cette affirmation pour tous les cas de « prédiction » évoqués par Rose C prendrait un temps considérable. La vérification a cependant été faite pour quelques-uns et force est de reconnaître que les annonces se réalisent souvent. Peut-être le fait qu'elles soient assez vagues pour laisser un vaste champ d'interprétation y est-il pour quelque chose.

Ainsi, le 8 août 1975, Rose C prédit un ou des séismes très meurtriers en Amérique avant la fin de la décennie. Or, le 4 février 1976, un tremblement de terre centré sur le Guatemala et le Honduras tue 23 700 personnes et fait 76 000 blessés. Il était de magnitude 7,5.

Parallèlement, Rose C a le sentiment d'être d'une certaine façon abandonnée par les enquêteurs. Elle va même jusqu'à leur écrire, avec une certaine colère et amertume, « J'en ai marre. Personne ne veut rien faire pour moi. » Elle se fâchera aussi contre Bernard Dupi[33] à qui elle regrette de lui avoir confié tant de choses : elle craint qu'il utilise ou ait déjà utilisé certaines de ces informations à mauvais escient. Rien ne doit filtrer avant la publication du livre de Jean-Pierre Monteils qui doit faire l'effet d'une « bombe » ! Avant de se réconcilier début janvier…

Dans le même ordre d'idée, elle entreprend en août 1975 des démarches pour que Jean-Pierre Charton contacte un journaliste de Midi Libre, Francis Attard. En effet, celui-ci, dans un article, a relaté la rencontre de Rose C san0s révéler son nom, mais s'est trompé sur l'aspect et la tenue des extraterrestres rencontrés. Elle veut qu'un rectificatif soit publié afin de conserver une chance de rencontrer des gens ayant vécu la même chose qu'elle. Il semblerait que la démarche de P.A.L.M.O.S. n'ait pas abouti.

Au fur et à mesure que ses frustrations augmentent, Rose C semble, avec le temps, être de plus en plus « sur ses gardes » et réagit vivement au moindre soupçon de « trahison ». Ainsi, fin octobre 1977, elle apprend par Charles Gouiran qu'un inconnu va publier quelque chose sur son expérience et expédie une lettre incendiaire. Il s'agit en fait de Michel Figuet qui se prépare à sortir, en 1979 son catalogue avec Jean-Louis Ruchon : *OVNI : le premier dossier complet des rencontres rapprochées en France*[34]. Il mentionne le cas de Rose C dans les pages 55 à 57.

---

[33] Lettre du 22 décembre 1975.

[34] Editions Alain Lefeuvre.

Dans le même temps, Rose a reçu de nouvelles informations des extraterrestres. Notre planète, la Terre, aurait été peuplée grâce à leur intervention.

Elle déclare dans son courrier du 8 mai 1974 que ce sont les extraterrestres qui ont apporté sur Terre des couples d'animaux prélevés chez les « petits hommes », car ils étaient mieux à même de s'adapter dans leur nouvel environnement que les grands animaux. Les chevaux apportés avaient ainsi la taille des chiens actuels.

Cela semble extraordinaire, voire exagéré, même aux yeux de Rose C, mais elle choisit quand même d'y croire.

L'humanité elle-même semble avoir été implantée par les extraterrestres : ils y transportaient tous ceux qui étaient condamnés, faisant donc de notre planète un bagne. Les déportés, des « hommes grands » comme ceux qu'elle a rencontrés de nuit au mazet, abandonnés, livrés à eux-mêmes, survivaient péniblement. Nous serions donc aujourd'hui les descendants de ces extraterrestres.

Ces « hommes grands » ont en effet rapetissé au fil des générations, tandis que les petits animaux ont eux, au contraire, gagné en taille.

Un tunnel sous le Sphinx, un objet mystérieux.

Les nuits de mai de Rose C sont pleines de tremblements de terre, de tempêtes, de volcans en éruption ou d'émeutes urbaines. Son courrier du 22 mai 1974 en témoigne. Même si les visites nocturnes s'espacent, alors qu'il peut se passer désormais plusieurs jours entre chacune, elles restent difficiles à vivre même si elle ressent maintenant un certain soulagement du fait qu'elle est sûre que ces événements ne sont pas provoqués par les extraterrestres et qu'ils n'en sont que les annonciateurs.

L'image d'une pyramide revient souvent. À Gizeh vraisemblablement. Elle pense qu'il y a là un moyen de communication qui reste à développer entre eux et nous. Les extraterrestres semblent vouloir un objet pointu situé sous le Sphinx. Pour Rose C, il est possible de l'atteindre par un tunnel qui se trouve sous la pyramide, qui descend vers les profondeurs. À un moment donné, un couloir plus horizontal mène sous le Sphinx. Enfin, si elle ne se trompe pas dans son interprétation comme elle dit !

Au fur et à mesure que défilent les courriers fin mai, il devient de plus en plus évident pour Rose qu'il est important d'enquêter sur cette histoire de pyramide et de Sphinx. Elle a demandé à P.A.L.M.O.S. de voir ce qu'il était possible de faire de ce côté-là. Une entreprise irréalisable pour l'association montpelliéraine.

Elle regrette encore et encore que les extraterrestres n'aient pas choisi quelqu'un de plus savant qu'elle pour nous contacter. Elle considère que beaucoup plus de choses auraient pu être comprises. Fin mai, Rose est lasse de tout ça. Elle a le sentiment de décevoir les extraterrestres, les choses n'avançant pas comme il le faudrait.

Roméo Charlie[35] a également contacté le groupement V.E.R.O.N.I.C.A. en mai 1974, mais, dans un premier temps, elle a le sentiment que personne ne l'a prise au sérieux au sein de cette association nîmoise.

C'est donc une nouvelle fois vers P.A.L.M.O.S. et M. Charton en particulier qu'elle se tourne le 10 juin 1974, allant même jusqu'à poser un ultimatum à l'association : « Écoutez, si vous ne faites rien pour cette pyramide, je ne vous parlerai plus de ce que je reçois !!! ». Elle est désormais certaine que d'importants bouleversements sont à prévoir si les extraterrestres n'obtiennent pas ce qu'ils veulent. Le monde pourrait même être détruit.

Rose exige aussi que Jean-Pierre Charton prenne contact avec Claude Poher, alors ingénieur au C.N.E.S.[36] Cet ingénieur s'intéresse au phénomène O.V.N.I. depuis longtemps. Il a rencontré J. Allen Hynek en 1969 et s'apprête à publier en 1975 une étude statistique sur le phénomène. Il s'impliquera grandement dans le premier G.E.P.A.N.[37] créé en mai 1977. Rose veut qu'il sache tout. Sa rencontre avec les géants, l'homme au hublot, les messages reçus, les prédictions…

Rose menace aussi de tout raconter à un journal, avec tous les détails. Elle ne veut plus garder toute cette histoire pour elle, et ne pense plus que les conseils de discrétion de P.A.L.M.O.S. soient bons à suivre.

---

[35] Référence au code utilisé sur la CB lors des veillées nocturnes, c'est le premier pseudonyme donné à Rose C par P.A.L.M.O.S.

[36] Centre national d'études spatiales créé en décembre 1961.

[37] Groupe d'étude des phénomènes aérospatiaux non-identifiés, structure créée au sein du C.N.E.S. à Toulouse.

Maintenant qu'elle sait que les extraterrestres désirent un objet qui se trouve sous le Sphinx, elle considère que les informations qu'elle a en sa possession doivent être connues : « Il y va de l'intérêt de l'humanité entière » écrit-elle le 10 juin 1974. Et l'affaire est urgente ! Elle doit rencontrer Claude Poher.

Rose revient à des sentiments plus apaisés dès le 12 juin. Elle explique que les visions épouvantables sont difficiles à vivre et que, si elle avait écrit aux journaux, elle n'aurait jamais donné son nom et son adresse.

De nouvelles interrogations se font jour : se pourrait-il que les extraterrestres sollicitent d'autres personnes comme ils le font avec elle ? Et dans ce cas, ces autres personnes ont-elles aussi les mêmes visions de catastrophes avant qu'elles n'arrivent ? Des questions certes légitimes, mais auxquelles P.A.L.M.O.S. n'avait pas la moindre chance de pouvoir répondre.

Mon mari prend ses congés.

Le rendez-vous suivant entre Jean-Pierre Charton et Roméo Charlie est pris comme deux amants prennent rendez-vous. Par un courrier daté du 17 juin 1974, M. Charton est informé que le mari de Roméo Charlie prend une semaine de congés et qu'il vaut donc mieux retarder quelque peu sa venue, car elle n'est pas encore prête à tout lui révéler.

À cette époque, Rose reçoit de nombreuses images d'un ciel sombre et d'importantes trombes d'eau s'abattant sur le sable d'un paysage désertique.

Les congés du mari se prolongeant, la rencontre prévue ne pourra se faire finalement qu'à la mi-juillet. Le début du mois étant orageux, Rose C. s'aperçoit que cela semble rendre plus difficile la connexion avec les visions qui lui sont envoyées. Ainsi, il lui a semblé qu'était annoncée l'apparition d'une énorme crevasse, mais tout le reste, le contexte, est resté incompréhensible. Elle-même reconnaît que cela peut paraître idiot, comment la météo pourrait-elle brouiller ses visions ?

Par beau temps, d'autres visions surviennent : un tremblement de terre, un train couché sur le ballast, des oiseaux morts… Une vision revient sans cesse, celle de la pyramide à laquelle est associé ce « truc » que les extraterrestres veulent.

Rose tente à plusieurs reprises d'établir le contact d'elle-même, sans attendre le bon vouloir des extraterrestres, mais à chaque fois elle doit y renoncer. Son cœur s'emballe et elle se sent comme si on l'avait « rouée de coups ». Elle finit toujours par abandonner. Quand ce sont les extraterrestres qui prennent l'initiative de la contacter, ce genre de désagrément ne se fait pas sentir.

Guy Tarade, qu'elle avait continué à tenir informé de ses visions, lui a écrit que, pour lui, ces messages lui sont envoyés par des voyageurs du futur. Cette idée perturbe au plus haut point Rose C, car elle ne comprend pas comment on peut voyager dans le futur, « quelque chose qui n'existe pas encore ». L'idée du voyage inverse, de quelqu'un pour qui le futur serait le présent vers le passé ne semble pas l'avoir effleurée.

Les lettres de juin et juillet 1974 semblent indiquer qu'une certaine confusion mentale s'installe chez Rose C. Ses angoisses sont sans cesse renouvelées et le temps aurait plutôt tendance à les amplifier. Elle en arrive à un point où même la simple idée que de nombreux nids de moineaux vont être détruits par l'orage l'empêche de dormir.

Elle extrapole des théories sur la navigation des engins extraterrestres, sur d'éventuels passages invisibles pour nous, des couloirs ou tunnels qui les rendraient indétectables au radar.

Une prédiction au sujet du Vatican ?

Le 31 mai 1974, Rose C informe par courrier, de façon presque anecdotique, que le pape va bientôt changer.

Paul VI est alors pape depuis le 21 juin 1963 ; il le restera jusqu'à sa mort le 6 août 1978. Au moment de l'annonce de Rose C, il est en fonction depuis 11 ans et il lui reste 4 années de pontificat. Peut-on dès lors accepter cette déclaration comme une prédiction ? Les quatre années restantes ne constituent-elles pas une durée trop longue, même comparée à la durée totale du pontificat de Paul VI ?

Il n'empêche que Rose voit parfois un personnage vêtu de blanc allongé, comme s'il était mort. Puis survient un second personnage, toujours vêtu de blanc, mais à la figure noire tellement floue qu'il est impossible d'y reconnaître qui que ce soit. Elle en vient même à se demander si, au lieu du pape, il ne pourrait pas s'agir d'un chef d'État africain. Tout cela aurait-il un rapport avec la tentative d'assassinat où le pape Jean-Paul II fut gravement blessé en 1981 sur la place Saint-Pierre ?

Un mari maintenu dans l'ignorance.

Rose va mettre très longtemps à informer son mari de ce qu'elle vit. Jusqu'au début de 1974, il est laissé totalement à l'écart, dans l'ignorance totale de ce que vit sa femme.

Elle va ensuite le mettre progressivement au courant par petites touches successives, en lui annonçant que tel ou tel événement va se produire par exemple.

Que conclure du cas Rose C ?

Rose est réveillée par les grondements de ses chiens. Excités par quelque chose qui se trouve à l'extérieur, ils grattent la porte, veulent sortir. Rose entrouvre, les laisse aller puis, ne les voyant pas revenir, se décide à les suivre. C'est en les cherchant qu'elle va être éblouie par « un éclair de lumière blanche ». Après le « flash », elle est surprise de trouver devant elle un homme qui lui adresse la parole. À cette première rencontre va s'ajouter celle avec trois « géants » d'environ 2,35 mètres. Tous quatre lui demandent des livres. N'importe quels livres… Elle leur remettra de vieux livres et journaux, quelques spécimens de pièces et billets de l'époque.

Effrayée, Rose se montre quand même curieuse face à ces visiteurs et ils l'informent qu'ils viennent des étoiles. Elle voit également un engin gris mat, énorme, de la forme d'un immense « canotier », immobile dans les airs à plus d'un mètre du sol et qui semble attendre, du moins le suppose-t-elle, son équipage.

Au fil de la discussion, l'individu de taille normale lui révèle qu'il serait en réalité le seul Terrien du groupe. Il serait même de nationalité française, mais vivrait avec les extraterrestres depuis 20 ans. En outre, dans leur monde, le temps ne s'écoulerait pas de façon similaire à celui de notre planète. Lorsqu'il invite Rose C. à suivre la même voie que lui, celle-ci refuse en songeant à sa famille qu'elle serait obligée d'abandonner.

Ils l'informent également qu'ils seraient venus sur Terre pour récolter des échantillons de plantes, de roches et d'autres matériaux dans le but d'étudier les conséquences des explosions atomiques sur l'environnement planétaire. Ils semblent très concernés par notre devenir, étant donné que « Tout ce que vous avez sur Terre, nous l'avons aussi » : tout aurait été amené par leurs lointains ancêtres[38]. C'est ainsi que nous apprenons que la Terre a été terraformée[39] et que la vie y a été introduite par ces entités. Les hommes d'aujourd'hui descendraient également d'eux, mais, « au fil des générations, tout a rapetissé » sur notre planète[40].

On peut noter au passage que l'évolution humaine semble prouver le contraire : nous sommes plus grands que nos lointains ancêtres dont nous avons retrouvé la trace sous forme de squelette par exemple.

Rose C a aussi appris les raisons de la terraformation du globe : les extraterrestres auraient eu besoin d'une planète pénitentiaire pour y déporter, après amputation d'une partie de leurs connaissances, les criminels en tous genres. Nous serions donc, à l'image d'une partie non négligeable des Australiens, des descendants de prisonniers.

Au moins un autre monde habité existerait dans les étoiles. Il serait peuplé de « petits hommes » spécialistes de la miniaturisation !

Les extraterrestres de Rose C ne semblent pas non plus dépourvus de tout talent dans le domaine technologique. Elle raconte qu'elle aurait assisté, sans toujours en comprendre la raison, à des démonstrations de télékinésie, de téléportation ou de « missing-time »[41]. Enfin, lorsque la « soucoupe » décolle, un minimum de bruit est perçu, un peu comme le ronflement d'un ventilateur.

Certaines informations peuvent sembler vaguement inquiétantes. Les visiteurs, tout au long de leur discussion, font preuve d'un grand respect de la vie sous toutes ses formes (jusqu'à celle des rats qui ont envahi le placard où étaient entreposés les livres et revues). Rose C est ainsi mise en garde : « Tous les 12 000 ans à peu près, vous (les Terriens)

---

38 « Rencontre avec les extraterrestres », Editions du Rocher, 1979, page 39.

39 Processus qui consiste à transformer un environnement planétaire afin de le rendre viable.

40 Sauf les animaux ?

41 Temps manquant.

déclenchez un cataclysme avec vos expériences ! » S'agit-il là d'une tentative d'avertissement ? Cette phrase rejoint les théories développées par Graham Hancock dans *L'empreinte des dieux*[42]. Lui aussi fait remonter à cette période la dernière grande destruction dont aurait eu à souffrir l'humanité.

Rose C avait l'habitude de démentir toute idée selon laquelle, suite à cette expérience, elle se serait sentie missionnée d'une quelconque façon. Pourtant, le récit qu'elle fera de sa vie laisse planer un doute. Dès le lendemain de son observation, au moment de couper des lilas pour les ramener dans sa maison de banlieue, elle « sent » les fleurs se révolter contre ce « mauvais traitement » qu'elle est sur le point de leur infliger et abandonne son projet. Ce sentiment, cette perception extraordinaire, serait né de l'enseignement transmis par l'un des géants. Là encore, on peut être surpris par le fait que ces géants avaient auparavant prélevé des échantillons de plantes…

Le monde paraît plus beau à Rose après cette visite. Tout cela ressemble fort à un conte philosophique à la Paul Coelho. On retrouve des éléments du culte chthonien, du culte de la Pachamama, la Déesse Mère, la Terre. Rose C raconte : « Je m'agenouillai un peu comme l'on s'agenouille pour prier et je caressai la terre avec mes mains. Elle était sèche. En garrigue, c'est toujours ainsi… Je mouillai mes doigts avec de la salive et les passant sur la terre les reportai à ma bouche. Je goûtai la Terre… J'étais là comme un bébé ayant sur la langue quelques gouttes du lait de sa mère… Comme lui, je goûtais la saveur de ce lait que m'offrait ma Mère la Terre… Soudain mes yeux se brouillèrent et les larmes roulèrent sur mes joues. J'étais en proie à une émotion jamais ressentie avec une telle intensité ! » Et plus loin : « J'aimais la Terre et tout ce qu'elle contenait. »

Ce témoignage, ces informations sont le fruit du travail d'une équipe de V.E.R.O.N.I.C.A. et en particulier de Charles Gouiran qui s'est très vite saisi du dossier et lui a porté une attention toute particulière. Les propos de Roselyne Colle, plus connue sous le pseudonyme de Rose C, ont été méticuleusement recueillis avant d'être publiés dans *Rencontre avec les extraterrestres*[43].

---

[42] Editions Pygmalion, 1996.

[43] Editions du Rocher, 1979.

Robert Lascols a adhéré à V.E.R.O.N.I.C.A. en 1974, alors que l'association venait de naître. Mettant un point d'honneur à toujours privilégier l'aspect matériel et concret du phénomène, il a suivi de près le travail effectué sur l'observation de Rose C. et y a même pris une part active.

Il se souvient qu'une querelle est apparue au sein de l'association quand il s'est agi de publier les résultats du travail effectué sur Rose C.. Un membre de l'association, Jean-Pierre Monteils, ayant exprimé son désir d'écrire un livre sur l'histoire de Rose C., il lui fut répondu par Charles Gouiran qu'il n'était qu'un écrivaillon et que ce travail requerrait quelqu'un de plus grande envergure. À partir de là, tous deux s'employèrent à se discréditer mutuellement jusqu'à ce que, finalement, C. Gouiran l'emporte et publie le livre.

Cet épisode est particulièrement révélateur des tensions qui pouvaient exister à l'intérieur de l'association à ce moment-là.

Les tensions sont confirmées par une lettre[44] écrite par J.P. Monteils à Rose C le 24 octobre 1975. Conservée dans les archives de P.A.L.M.O.S., elle y révèle ce que pense alors M. Monteils de ses collègues ufologues. Il qualifie les membres de P.A.L.M.O.S. de « fumistes », et ceux de V.E.R.O.N.I.C.A. de « plus dangereux » parce que « prêts à publier n'importe quoi » sur le compte de Rose C.

Son manuscrit ne fut en tous cas pas publié. Selon Rose C avec qui il s'était brouillé entre temps, il fut bien envoyé à des éditeurs, mais jamais publié.

À l'arrivée, le livre publié en 1979 par Charles Gouiran et Rose C rapporta 1 franc par exemplaire vendu à Rose, qui fit don de la quasi-totalité ce qu'elle avait gagné à la S.P.A. (entre autres…). Son anonymat fut préservé jusqu'au bout, l'éditeur lui-même (les éditions du Rocher) ne sut jamais son nom. Jimmy Guieu, alors directeur de la collection, était le seul dans la confidence.

Robert Lascols faisait partie de V.E.R.O.N.I.C.A. et a longtemps été le gardien d'une partie des archives de l'association. Certaines informations y ont été conservées qui ne furent pas incluses dans l'ouvrage de Charles Gouiran sur Rose C.

[44] Lettre qui se termine bizarrement par un « Ils veillent sur nous […] ».

Les enquêteurs du groupement ont pu interroger un jeune témoin, un enfant de moins de 10 ans qui résidait dans les années 1950 à Arrigas, à l'ouest du Vigan, encore dans le département du Gard, mais à peine à deux kilomètres de l'Hérault. Ce jeune élève d'un institut médico-pédagogique[45] leur avait fait un récit bien étrange où il était question d'une « mamée » sortant d'un engin extraterrestre. En langage du sud, une « mamée » est une mamie, une femme d'un grand âge, une grand-mère…

D'après le témoignage de Rose C, la « mamée », c'était elle. Il y a là de quoi remettre en cause certains éléments du récit de la célèbre contactée. En effet, Rose C. est alors âgée de… 20 ans ! Comment un enfant, même fragile et perturbé par la vision d'une expérience hors du commun, pourrait-il confondre une personne jeune, à peine sortie de l'adolescence, avec une « mamée » ? Certes, les enfants éprouvent naturellement des difficultés à évaluer l'âge des adultes, mais peuvent-ils réellement confondre jeunesse et vieillesse ?

Cette information ne se trouve signalée nulle part dans l'ouvrage de Charles Gouiran. En tant que président de V.E.R.O.N.I.C.A., il est peu vraisemblable que cet aspect de l'enquête lui ait échappé, mais cela reste, disons, possible. Toujours est-il que ce témoignage jette un voile sur la crédibilité du récit tel qu'il a été fait par Rose C.

Ou alors faut-il envisager qu'une seconde personne a vécu une expérience similaire à celle de Rose C, la même nuit et dans le même secteur géographique ? Là encore, cela semble peu probable.

Robert Lascols, qui a rencontré Rose C en 1979, a développé à titre personnel une théorie qui cadre avec les faits. Le témoignage de l'enfant mettrait en scène une grand-mère, peut-être la grand-mère de Rose C. Celle-ci aurait en effet témoigné d'une expérience similaire à celle de l'histoire de Rose C. Sa petite-fille se serait ensuite appropriée le récit de son aïeule. Ainsi, sans remettre en cause l'existence d'un phénomène déclencheur, l'authenticité du témoignage de Rose C apparaît moins évidente. Il est hélas aujourd'hui impossible d'interroger la grand-mère, déjà décédée lorsque l'affaire fut portée à l'attention des médias.

---

45 L'enfant a un esprit « simple », fonctionnant « lentement », que certains qualifieraient d'un peu « attardé », mais ne présente aucun trouble psychologique plus grave. Sa faculté de raisonnement, quoique moins performante que chez un individu moyen, n'en est pas moins réelle.

D'autres membres de V.E.R.O.N.I.C.A. doutèrent de la version de l'histoire défendue par Charles Gouiran. Parmi ceux-ci, Michel Guichard, coiffeur nîmois décédé depuis une vingtaine d'années, dont le travail d'enquêteur s'était révélé essentiel puisque c'est lui qui avait permis de prendre connaissance de l'existence du jeune témoin et de retrouver sa trace. Ou encore Robert Asencio, qui entra en ufologie dès 1960 et fut l'un des premiers à dénoncer, avec Alain Esterle, l'imposture de l'affaire de Cergy-Pontoise[46]. Il attribue dans l'affaire Rose C un rôle important à un grand monsieur des débuts de l'ufologie française, Henri René Guieu, plus connu sous le nom de Jimmy Guieu.

Né à Aix-en-Provence le 19 mars 1926, Jimmy Guieu fut l'un des premiers français à se pencher sur le dossier des objets volants non identifiés[47]. Jusqu'à sa mort le 2 janvier 2000, Jimmy Guieu alternera récits de science-fiction et d'ufologie. On se souvient en particulier de son engagement en faveur de la véracité du cas de Cergy-Pontoise.

C'est en tant qu'ami de Charles Gouiran et patron d'une maison d'édition que Jimmy Guieu intervient sur le dossier Rose C. Mais Monsieur Asencio voit également en lui une personne qui « *fabriquait des contactés* ». Selon son témoignage, Jimmy Guieu introduisait des souvenirs à partir d'une simple observation, et faisait ainsi marcher le monde de l'édition. Henri Asencio n'hésite pas à déclarer que Jimmy Guieu est à l'origine de la plupart des affaires de contactés de l'époque, y compris celle de Jean Miguères[48]. Ainsi, si beaucoup des cas connus étaient des histoires montées de toutes pièces à des fins commerciales, il ne remet néanmoins pas en cause la possibilité de l'existence de véritables contactés.

Dans tous les cas, les anciens membres de V.E.R.O.N.I.C.A. qui ont accepté d'être interrogés[49] conviennent que la publication du livre *Rencontre avec les extraterrestres* fut aussi une affaire d'argent.

---

46 Rappelons qu'il s'agissait ici d'un faux cas d'enlèvement, dont les protagonistes finirent par avouer qu'il s'agissait d'un canular. Lire à ce sujet *Contacts ovni Cergy-Pontoise*, par J. Guieu, éditions du Rocher, 1980.

47 A lire absolument, son premier ouvrage ufologique, *Les Soucoupes Volantes viennent d'un Autre Monde*, aux éditions Fleuve Noir, 1954.

48 Voir, entre autres, *J'ai été le cobaye des extra-terrestres*, de Jean Miguères, 1977, éditions Promazur-RG, collection « Connaissance de l'étrange ».

49 Un seul a refusé.

Charles Gouiran, à qui certains membres de V.E.R.O.N.I.C.A. reprochèrent dans les années 1970 d'avoir travaillé trop vite et publié trop tôt, était réputé pour avoir du mal à accepter que l'on critique ses méthodes de travail[50]. Les témoignages reçus par l'auteur semblent indiquer qu'il s'était enflammé en prenant connaissance du récit de Rose C et qu'il n'avait pas su rester objectif par la suite.

C'est en tout cas à partir de cette histoire que les dissensions prirent de l'ampleur au sein de l'association. Des cellules virent le jour, les informations furent cloisonnées de peur que certaines ne filtrent jusqu'à Jimmy Guieu. La confiance n'était plus de rigueur.

Une autre affirmation de Rose C peut laisser perplexe : l'annulaire de sa main droite se serait mis à s'allonger jusqu'à atteindre la taille du majeur, et ce serait lié à son vécu avec les extraterrestres. Une photo des mains de Rose C semble le confirmer.

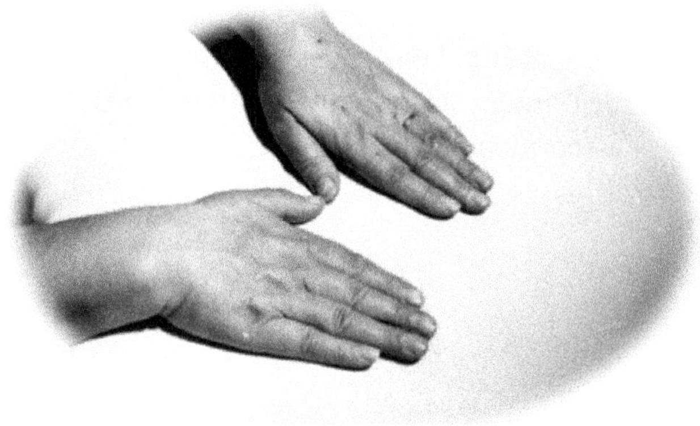

Sur cette photo, l'annulaire de la main gauche est effectivement plus court que le majeur, par contre, ils ont la même longueur à la main droite. Y a-t-il eu élongation de l'annulaire ?

N'y a-t-il pas plutôt une explication plus… moins… extraordinaire ? Concentrons-nous sur la position des poignets, dans l'axe de l'avant-bras pour la main gauche, tourné vers la droite pour la main droite. Mettez votre main et votre poignet droit dans l'axe de l'avant-bras puis faites pivoter votre poignet vers la droite au maximum de vos possibilités et observez ce qui se passe. La taille de votre annulaire semble augmenter et rattraper celle de votre majeur.

---

[50] Toujours selon le témoignage des personnes interrogées.

D'autres personnes, des contactés souvent, ont déclaré avoir subi le même type de déformation, mais dans le cas de Rose C, cela ne tient pas.

Avant d'en terminer avec cet étrange dossier, il convient de rapporter que le tout jeune G.E.P.A.N. semble s'être intéressé à l'affaire. Claude Poher, qui a été le premier directeur de ce département du C.N.E.S. de mai 1977 à décembre 1978, s'est déplacé jusque dans le Gard pour rencontrer Rose C, a partagé un repas avec elle à son domicile et a procédé à une enquête[51].

Le dernier mot sur cette affaire sera pour établir une antériorité. Le cas Rose C a été mis en lumière par Guy Tarade, Jimmy Guieu et l'association nîmoise V.E.R.O.N.I.C.A. et sans le travail de ses membres, en liaison avec Jimmy Guieu, il est probable que toute cette histoire aurait eu beaucoup moins de portée médiatique et serait peut-être passée plus ou moins inaperçue. Le nom même de Rose C que tout bon ufologue est censé connaître a été donné par V.E.R.O.N.I.C.A.

Il est cependant essentiel de préciser une nouvelle fois qu'il ne s'agit pas là du nom d'origine, car les premiers à avoir eu connaissance de cet extraordinaire récit furent Jean-Pierre Charton et Bernard Dupi de P.A.L.M.O.S., l'association montpelliéraine.

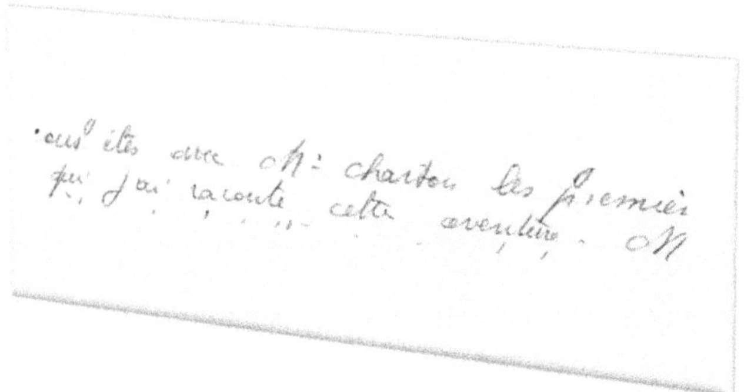
ous êtes avec M: Charton les premiers
qui j'ai raconté cette aventure. CN

Extrait de la lettre du 25 août 1975 écrite par Roméo Charlie : une preuve d'antériorité.

Or, à P.A.L.M.O.S., bien avant de s'appeler Rose C, on parlait déjà de ce cas sous l'appellation de Roméo Charlie[52], aujourd'hui tombée dans l'oubli.

[51] Déclaration de Rose C dans une lettre du 28 juin 1979.

[52] Y voir une référence à la culture des radio-amateurs en vogue à l'époque.

Que s'est-il passé à Valensole le premier juillet 1965 ?

Le premier juillet 1965, à l'aube, Maurice Masse se dirige vers son champ de lavande situé à proximité de Valensole : depuis plusieurs jours, des pieds disparaissent, sans doute volés par quelqu'un pense-t-il. Il aimerait bien que cela cesse.

En approchant, il perçoit un sifflement qui semble provenir du champ. Il repère ce qui lui semble être un véhicule stationné en plein milieu des pieds de lavande, à quelque 90 mètres. En s'approchant, il a la surprise de constater qu'il s'agit plutôt d'un étrange engin de forme ovale posé sur le sol, de 3,50 mètres de long pour 2,50 de haut, doté d'une coupole transparente au sommet. Il repose sur le sol au moyen de pas moins de 6 « pieds ».

S'approchant, il voit deux êtres étranges, des humanoïdes d'environ un mètre de haut sont à proximité, courbés sur les plants de lavande. Les deux créatures s'aperçoivent de la présence de Monsieur Masse alors qu'il n'est plus qu'à 6 mètres et le figent au moyen de ce qui ressemble à un « tube » braqué dans sa direction. Si le témoin se retrouve totalement paralysé, il n'en continue pas moins à percevoir ce qui l'entoure. Son sens de l'ouïe ne lui est pas non plus ôté. Il assiste impuissant au décollage de l'O.V.N.I. avant de récupérer sa capacité de mouvement quelques minutes plus tard.

Une enquête de gendarmerie est diligentée et nombre d'ufologues vont se rendre sur les lieux, Aimé Michel lui-même s'intéressant au dossier.

Les analyses semblent avoir démontré une augmentation du degré d'acidité sur les lieux du présumé l'atterrissage. La résistivité du sol a également été affaiblie, sa couleur a été modifiée du fait d'une augmentation de température et certains ont avancé que les traces au sol avaient pu être faites par un objet ayant une masse de 27 tonnes.

De cette expérience va rester une trace qui va persister : là où était posé l'O.V.N.I., une zone globalement circulaire où la lavande va refuser de pousser durant deux ans. Maurice Masse, quant à lui, va être durablement marqué par son expérience de rencontre rapprochée, ce qui va le conduire à s'isoler des enquêteurs, journalistes et curieux qui ne vont cesser de défiler pour s'entretenir avec lui.

Ce cas, toujours classé D dans les archives du G.E.I.P.A.N., comme celui de Trans-en-Provence (1981), est abondamment documenté dans divers ouvrages et sites internet. C'est pourquoi il n'est pas nécessaire de s'étendre plus que ça sur ces observations alors que dans d'autres cas comme celui de Manises en 1979, les informations ne sont pas disponibles aussi facilement.

En 2017, Camille Fouquart va créer un événement autour de l'anniversaire de cette rencontre rapprochée dans le cadre de l'association « Mémoire vivante de Valensole et de son plateau ». L'année suivante, c'est sous la bannière du MUFON France que Camille et Pascal Fechner vont renouveler l'événement, avec des conférences et entre autres la présence de Maurice Chaspoul, Joslan F. Keller, Bob Bellanca, Egon Kragel, Gilbert Attard et des représentants d'OVNI-Languedoc.

La table ronde de fin de journée le 1er juillet 2018. Photo de Maurice Ducasse (OVNI-Languedoc).

Maurice Chaspoul était un ami de Maurice Masse et, selon ses dires, celui auprès de qui il se serait le plus confié. Il n'hésite pas aujourd'hui à faire vivre, véritable mémoire vivante, le souvenir du récit de son ami décédé le 14 mai 2004.

UZÈS, LE 19 NOVEMBRE 1974.

Dans les années 1970, les enquêteurs du groupe V.E.R.O.N.I.C.A., recoupant leurs informations, voient se dessiner un Triangle du Gard[53] localisé dans un espace relativement restreint au nord de Nîmes, délimité par les communes de Dions, Blauzac et Uzès.

Dès qu'un phénomène O.V.N.I. leur est signalé, l'association dépêche une équipe sur les lieux. Celle-ci a alors pour mission de recueillir les premières informations auprès des témoins et des autorités locales telles que les polices municipales, nationales, ou les gendarmeries. Un rapport écrit est ensuite adressé au responsable local qui fait remonter l'information au sommet de la hiérarchie, à charge pour elle d'en assurer la diffusion, tant interne qu'à destination du public « non averti », via les médias par exemple.

Ce public non averti ne rejette pas automatiquement les informations liées aux ovnis dans les années 1970. Il est sans doute plus ouvert qu'aujourd'hui, et cela a certainement quelque chose à voir avec le traitement de l'information ufologique pratiquée par les médias mainstream depuis cette époque.

Aujourd'hui, faire le « buzz » est hélas devenu plus important pour beaucoup que la transmission d'une information. Il faut faire du chiffre et quoi de mieux que de mettre de son côté les rieurs au moyen d'articles ou d'émissions qui réduisent le phénomène ovni et les ufologues au niveau de ridicules illuminés ?

Les anciens membres de V.E.R.O.N.I.C.A. que j'ai pu interroger estiment que près de 90 % des observations sur lesquelles ils ont travaillé étaient parfaitement explicables. Seulement 10 % relevaient donc du non explicable avec un témoin unique et 2 % avec des témoins multiples.

---

[53] Référence au Triangle des Bermudes.

Parmi ces dernières, l'observation de Dions est restée dans les mémoires. Il faudrait d'ailleurs parler plutôt des observations de Dions tant ce secteur fut propice à l'activité ufologique entre 1973 et 1978. Ainsi, trois personnes ont pu observer dans cette localité du nord de Nîmes, au-dessus d'une route, les évolutions d'un étrange « objet en forme de cloche ». Il y aurait même eu un atterrissage. Une autre fois, après le passage de ce qu'il était commun d'appeler à l'époque « une soucoupe », on découvrit une énigmatique anomalie sur un générateur électrique : les pôles du circuit électrique avaient été inversés. Enfin, ce sont les passagers d'un car scolaire, soit une quarantaine de personnes[54], qui ont eu la surprise d'observer un phénomène O.V.N.I. sous la forme d'un grand nombre de sphères lumineuses qui avançaient en ondulant.

On peut noter, au passage, que les habitants de ce coin du Gard parlent bien volontiers des bizarreries qui surviennent parfois. Dans cette contrée, il serait possible d'assister à d'étranges spectacles, dans les parages d'une mystérieuse cavité naturelle sur les hauts de Dions, ainsi qu'à proximité de l'oppidum local.

Guy Tarade porte en haute estime le travail d'enquête effectué par les « agents » de V.E.R.O.N.I.C.A.. Dans *Terre, planète sous contrôle*[55], il écrit au sujet de ce groupement qu'il connaît bien qu'il « effectue, depuis des années, dans le département du Gard, des enquêtes exhaustives et fort intelligentes sur les phénomènes insolites de l'espace ».

Une enquête en particulier retient l'attention. Réalisée par Mademoiselle Beaujouan et Messieurs Danan, Gouiran, Lemonier, Mathieu et Perrier, elle met en scène un adolescent de 16 ans, Christophe Fernandez[56].

Le 19 novembre 1974, vers 18 h, le jeune homme s'apprête à quitter la maison de ses parents, au sud d'Uzès, lorsqu'il observe une sphère lumineuse à environ 35 mètres de lui. Elle semble posée au sol, ou en position stationnaire au raz du sol, et ce en dépit d'un fort mistral. Il n'arrive pas à trancher. Sa couleur est indéfinissable. Son aspect général fait qu'il écarte d'emblée l'idée d'une surface métallique. La

54 Une majorité d'enfants.

55 Editions Lefeuvre, 1979.

56 Son père est alors professeur d'Enseignement Technique au lycée d'Uzès.

sphère, très lumineuse, n'éclaire pourtant pas les environs et Christophe a parfois l'impression de voir « au travers ». Il n'en est toutefois pas certain et estime son diamètre entre 180 et 250 centimètres.

Se sachant seul au domicile, les voisins les plus proches étant à 150 mètres, il prend peur et va chercher une carabine pour se rassurer. Il reprend alors son observation qui va durer 10 à 15 minutes.

Il s'équipe ensuite d'un appareil photographique et s'approche d'une douzaine de mètres avant de commencer à percevoir un bruit continu, mais d'intensité inégale. L'intérieur de la sphère lumineuse s'anime soudain : Christophe voit distinctement des formes circulaires en déplacement lent.

Il prend au total deux séries de photographies : trois clichés à 35 mètres de distance et deux à 23 mètres. Quatre des cinq images se révéleront exploitables, la qualité de la dernière empêchera d'y distinguer quoi que ce soit.

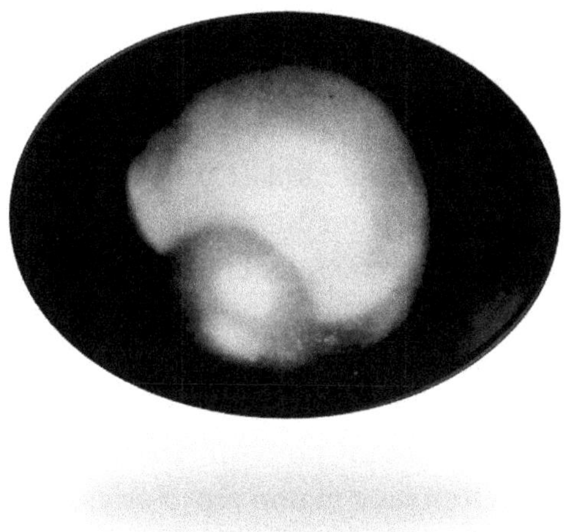

Une photo prise par Christophe Fernandez.

La sphère finit par s'élever dans les airs avant de s'immobiliser à nouveau vers 4 ou 5 mètres de hauteur. Un cylindre sort alors de sa partie basse. Christophe évalue sa longueur à un mètre au maximum et son diamètre à 40 centimètres. La luminosité qui se dégage de ce « nouvel appendice » est beaucoup plus forte que celle qui émane du reste du phénomène. Le témoin utilise ses mains comme visière afin de se protéger les yeux.

L'objet s'envole soudainement, droit vers le ciel, à une vitesse foudroyante. Le jeune gardois se souvient qu'une vive chaleur ainsi qu'une étrange odeur se dégagent de l'endroit où était » posé » l'O.V.N.I. et vont persister toute la soirée.

Dans son ensemble, l'observation a duré une demi-heure, de 18 h à 18 h 30. Le chien de la maison, un berger allemand, ne s'est manifesté à aucun moment, ni par des aboiements ni par un comportement étrange. Dès le lendemain, le témoin et sa famille ont pu constater que les oiseaux s'étaient « réappropriés » l'endroit. *A contrario*, les lapins sauvages, omniprésents jusqu'alors, avaient fui les lieux et n'étaient pas revenus.

Les photographies comme les négatifs ont pu être examinés par V.E.R.O.N.I.C.A., notamment par M. Jarretie. Aucun trucage n'y a été décelé. Ces derniers ne sont plus disponibles aujourd'hui : laissés sans surveillance, ils ont disparu des locaux de la Maison des Jeunes d'Uzès peu de temps après les premiers examens réalisés par V.E.R.O.N.I.C.A.. La petite histoire voudrait que Claude Poher, qui allait être à l'origine de la création du G.E.P.A.N., et qui s'était déplacé pour étudier ce cas d'observation d'ovni, soit reparti avec.

Ce qui est sûr, c'est que le G.E.I.P.A.N. actuel n'a pas gardé de trace de ces négatifs qui seraient pourtant bien utiles pour une analyse bénéficiant des moyens technologiques les plus récents. Il existe toutefois quelques cartons au contenu mystérieux qui dorment dans l'annexe souterraine de ce service du C.N.E.S. Une délégation d'OVNI-Languedoc avait pu le constater en 2016, lors d'une visite à Toulouse, sans pour autant pouvoir déterminer la nature des documents entreposés en vrac et non répertoriés. Plus récemment, en 2020, la question de la présence de ces négatifs dans les locaux du G.E.I.P.A.N. a été posée à Roger Baldacchino, l'actuel responsable du service, qui a déclaré ne rien savoir à leur sujet.

Lors de leurs recherches, les enquêteurs de V.E.R.O.N.I.C.A. ont pu constater que la radioactivité du lieu de l'observation était normale. De même, aucune perturbation magnétique n'a été relevée, ni aucune trace sur la végétation environnante[57]. Par contre, on s'aperçoit qu'une source d'eau souterraine passe à la verticale de

[57] Cela est peu significatif puisque l'enquête s'est déroulée un peu plus d'un mois après les événements.

l'endroit où était stationné l'O.V.N.I. Enfin, des échantillons du sol sont prélevés pour être expédiés pour analyse à Claude Poher[58]. Les résultats restent inconnus à ce jour.

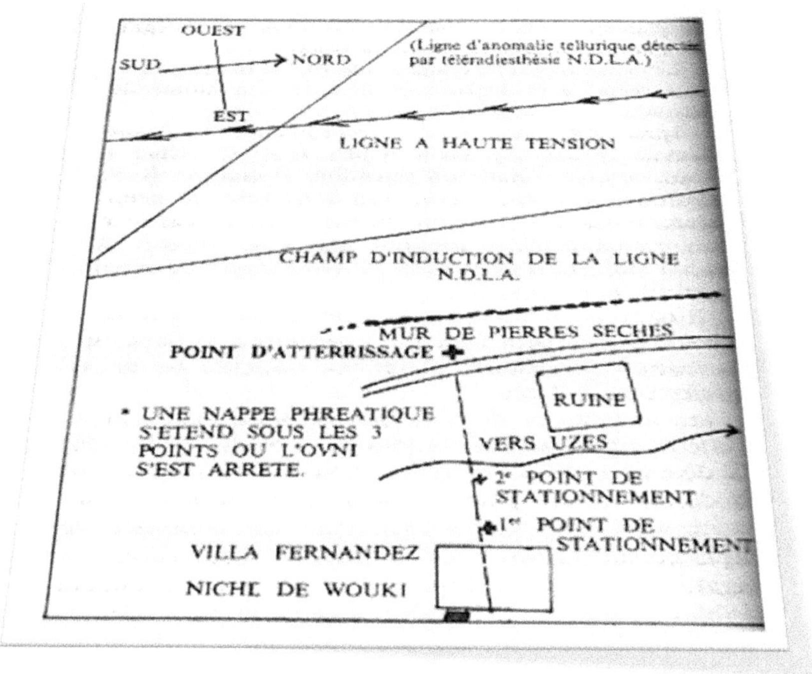

Croquis du lieu de l'observation.
Source : Terre, planète sous contrôle par Guy Tarade, Éditions Lefeuvre, 1979.

D'autres personnes ont assisté à l'arrivée de l'objet volant non identifié. La voisine de la famille Fernandez, Madame Clutien, ses deux fillettes et son neveu, ont observé depuis leur maison située à quelques 150 mètres de distance, le lent atterrissage de ce même phénomène vers 18 h. Ils s'en sont ensuite désintéressés.

Ce même 19 novembre 1974, une sphère est aperçue par un autre témoin, se dirigeant vers Uzès.

---

[58] Dans les années 1970, Claude Poher collabore avec le Groupe d'Etude des Phénomènes Aériens, une association française d'étude du phénomène O.V.N.I., avant de devenir le directeur du G.E.P.A.N.

Le cas d'Uzès, quoique peu connu en France, est considéré comme solide du fait de la multiplicité des témoins indépendants que l'enquête a pu faire ressortir et de la survivance jusqu'à nos jours d'éléments photographiques. Le fait que Claude Poher s'y soit intéressé renforce ce sentiment de sérieux du dossier.

Républ.Lorrain 02 mai 1978

L'OVNI D'UZES :

On recherche un témoin « privilégié »

L'objet volant non identifié (OVNI) aperçu jeudi soir dans la région d'Uzès (Gard) a mis en émoi une partie de population.

le ciel, muni de quatre feux clignotants de couleur orange, deux superposés à droite et deux superposés à gauche ». Enfin, il n'a fait

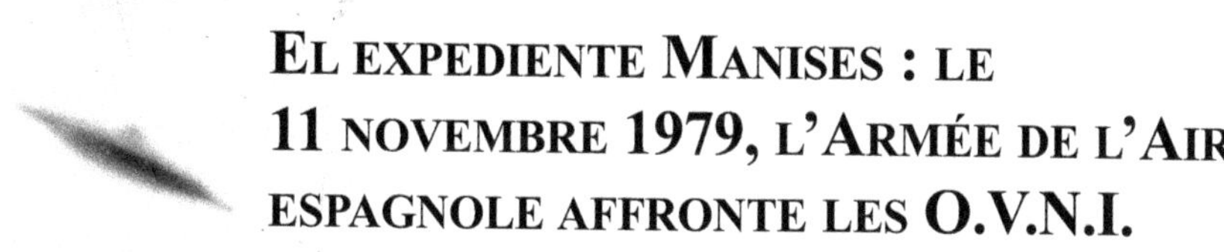

El expediente Manises : le 11 novembre 1979, l'Armée de l'Air espagnole affronte les O.V.N.I.

Dans une période de fortes tensions liées à la guerre froide et aux événements en Iran, la chasse espagnole a dû faire décoller plusieurs appareils pour assurer le contrôle de son espace aérien dans le secteur de Valence et tout le littoral sud-est du pays.

En août 1994, l'Armée de l'Air espagnole déclassifie un épais dossier de 142 pages sur les événements de Manises[59]. Riche en information, il constitue, 38 ans après, l'essentiel des sources d'informations fiables disponibles.

MANDO OPERATIVO AEREO | SECCIÓN DE INTELIGENCIA

AVISTAMIENTO DE FENÓMENOS EXTRAÑOS

EMA/DOP 3216 SESPA 11-8-94

EXPEDIENTES: - 791111/791117/791128

LUGAR: - VALENCIA/MOTRIL/MADRID

FECHA: - 1979 / dias 11, 17 y 28 de Noviembre.

ENTRADA N.° 181 C 3

RESUMEN: Exp 791111 - 791117 - 791128 ... la Torre de Valencia recibe

Le livre de Juan José Benítez, *Incidente en Manises*, paru en 1980 aux Editions Plaza & Janes S.A. (Barcelona), constitue une autre bonne source d'informations.

---

[59] Ville de la communauté autonome de Valence, où se situe l'aéroport de l'agglomération.

L'auteur a mené une véritable enquête de terrain, a multiplié les rencontres avec les principaux protagonistes, c'est-à-dire les pilotes civils de la T.A.E., le directeur de l'aéroport civil de Manises, un colonel de l'Armée de l'Air espagnole, un mécanicien auteur des deux seules photographies du phénomène, etc.

J'irai jusqu'à dire que son travail d'enquêteur à cette époque a certainement été l'un des meilleurs ou le meilleur de sa carrière en ce qui concerne le phénomène O.V.N.I.

Quant aux autres sources d'informations disponibles, il reste quelques articles de journaux ainsi que des sites du net qui abordent le sujet. Ces derniers sont globalement peu fiables, des « informations » y étant publiées sans véritable vérification et sans citation des sources. Leur seul véritable intérêt est qu'y sont disponibles des enregistrements vidéos effectués au fil du temps avec différents acteurs des événements, dont le pilote du Mirage F1 qui s'est trouvé confronté, le premier, aux ovnis de Manises.

Cette abondante documentation m'a permis de réaliser toute une série de conférences puis d'articles qui ont été très utiles pour la réalisation du texte qui va suivre.

Une Super-Caravelle dans la tourmente.

Le 11 novembre 1979, les conditions climatiques sont exceptionnelles dans tout le Sud-Est de l'Espagne. Un anticyclone et une pression de 1028 hPa rendent le ciel extraordinairement clair, parsemé d'étoiles et avec une Lune bien visible.

Tout commence à 21 h 27 lorsqu'une émission radio d'origine inconnue est captée par la tour de contrôle de Valence sur la fréquence 121.5, une fréquence réservée habituellement aux appels d'urgence.

Dans le même temps, le vol JK-297 de la compagnie T.A.E.[60], la compagnie nationale équatorienne, avec 109 passagers à bord, en provenance de Salzbourg en Autriche, vient de faire escale à Palma de Majorque et se dirige vers Tenerife aux Canaries.

Le commandant de bord est Javier Lerdo de Tejada. Il s'agit d'un pilote de 34 ans totalisant 8000 heures de vol en 14 ans, d'abord dans l'Armée de l'Air, puis dans les transports aériens civils. Ce pilote connu pour son calme, son sérieux et sa compétence a pour copilote Ramón Zuazu, 28 ans, qui totalise presque 3000 heures de vol en dix ans, dont neuf dans l'Armée de l'Air.

À 23 h 2, la tour de Barcelone demande au vol JK-297 de se mettre sur la fréquence 121.5 afin de confirmer l'étrange émission. Le commandant Lerdo de Tejada confirme qu'il y a bien un étrange signal sur cette fréquence, une émission radio qui ressemble à une balise d'urgence ou encore à une sirène sans qu'il soit possible de l'identifier.

À 23 h 5, le vol JK-297 demande à la tour de contrôle de confirmer la présence d'un trafic proche de la Super-Caravelle, à 4 ou 5 milles[61] sur la gauche. La tour répond qu'il n'y a là aucun trafic signalé.

Le commandant équatorien indique peu après qu'il a en vue, à environ 3 milles, à ses dix heures et à la même altitude, deux lumières rouges fixes (non clignotantes) et intenses.

Le contrôleur lui répète qu'il n'y a pas de trafic signalé à proximité du vol JK-297.

À 23 h 8, les lumières accompagnent toujours l'avion et le pilote les signale de plus en plus proches. Quelques centaines de mètres à peine. Le contrôleur de Barcelone a appelé l'aéroport de Palma qui n'a lui non plus aucun trafic signalé.

Le commandant prend alors la décision d'augmenter l'angle d'ascension de l'avion, mais les lumières corrigent leur trajectoire et prennent de l'altitude encore plus vite, se rapprochant encore de la Super-Caravelle.

Face au risque de collision, Javier Lerdo de Tejada annonce à 23 h 9 qu'il met le cap sur Valence tandis que les lumières se calent à 1 ou 2 kilomètres de la Caravelle.

---

[60] Transports aériens équatoriens.

[61] 1 mille correspond à 1852 mètres.

Le contrôleur de Barcelone propose de contacter l'Armée de l'Air espagnole. Le commandant Lerdo de Tejada approuve.

Barcelone annonce qu'ils ont activé leur radar primaire[62], mais n'ont rien vu s'afficher à l'écran en dehors de la Super-Caravelle.

À 23 h 11, dans l'impossibilité de se débarrasser des lumières, le pilote du vol JK-297 qui a déjà dévié l'appareil de sa trajectoire de vol initiale annonce qu'il va se poser à l'aéroport de Manises, à côté de Valence. Il considère ne pas pouvoir continuer avec un trafic qui le suit. Cela pourrait mettre inutilement en danger ses passagers.

C'est la première fois dans l'histoire, qu'un avion commercial doit se dérouter et se poser en urgence sur un aéroport autre que celui prévu initialement à cause d'un ovni, et cela se passe à côté de chez nous, sur le littoral espagnol.

À 23 h 12, la Défense aérienne est informée de l'incident.

À 23 h 15, les lumières perdent de l'altitude et sont visibles sur l'arrière gauche de l'avion.

À 23 h 16, la tour de contrôle de Valence prend le relais de celle de Barcelone.

À 23 h 24, l'équipage cesse d'observer les lumières en même temps que le signal inconnu cesse.

À 23 h 29, le radar militaire de « Pégase » signale avoir eu un contact non identifié à 9000 pieds (2743 mètres) de la Super-Caravelle. Le Centre de Torrejón, où se trouve le général en chef de la Défense aérienne espagnole, vient de donner raison au commandant Lerdo de Tejada. Par la suite, la décision de détourner son appareil et de se poser en urgence à Valence ne sera jamais remise en question, que ce soit par la compagnie T.A.E., l'Aviation civile espagnole ou l'Armée de l'Air.

Le vol JK-297 se pose finalement à Valence à 23 h 45 [63].

Une des formes lumineuses est observée depuis le sol alors qu'elle passe à proximité de la piste d'atterrissage.

---

[62] Contrairement aux radars secondaires qui se contentent de capter l'émission d'une balise embarquée dans les avions, les radars en mode primaire émettent des ondes et captent les « retours » lorsque ces ondes rencontrent un objet.

[63] L'avion aurait pu se poser une quinzaine de minutes plus tôt mais l'atterrissage a été retardé le temps de se défaire du carburant excédentaire jusqu'à atteindre le niveau de poids règlementaire.

Selon le compte-rendu qui sera rédigé plus tard par le juge militaire en charge du dossier, durant tout ce temps de vol et d'observation depuis l'avion de ligne, seuls quelques passagers semblent avoir observé les lumières sur le côté gauche de l'appareil et l'ont signalé aux autorités une fois au sol.

Un "ovni" forzó el aterrizaje de un Caravelle en Manises

Le personnel de l'aéroport est rapidement informé de la raison de cet atterrissage imprévu. L'incident fait sortir le personnel en dépit de la fraîcheur de la soirée. C'est ainsi qu'il y aura de nombreux témoins pour observer trois lumières scintillantes avec du vert, du rouge et du blanc.

Une lumière rouge et verte est visible au-dessus de l'aéroport, une blanche au-dessus du port de Valence, une rouge et verte en direction de Sagonte, au nord de Barcelone.

Approximativement une heure après l'observation principale, deux contrôleurs de l'aéroport assurent avoir vu aux jumelles des feux de navigation semblables à ceux d'un avion à réaction s'éloignant vers le sud, au-dessus du parc de la Albufera. Comme on le verra plus loin, cela ne pouvait être le Mirage F1 envoyé à la poursuite des O.V.N.I. Il se trouvait à ce moment-là au nord de Calles, soit loin au nord-ouest de Manises, dans une autre direction que celle de l'observation des deux hommes.

Sur la base de ces deux témoignages, l'Armée de l'Air espagnole considérera comme avérée la présence d'un trafic non identifié. Elle reconnaîtra aussi avoir échoué à l'identifier.

Mirage F1 contre O.V.N.I.

À minuit et quarante-deux minutes, un Mirage F1 décolle de la base de Los Llanos, à Albacete. Le capitaine Fernando Cámara est aux commandes. On vient de lui confier la mission de vérifier si un intrus vole dans le ciel espagnol et, le cas échéant, l'identifier.

En 1979, le Mirage F1, à la pointe de la technologie aéronautique, est ce qui se fait de mieux[64]. Il peut voler à une vitesse de Mach 2,2, soit 2 338 km/h. Pourtant, le choix d'un Mirage de la base de Los Llanos située à 164 km de Valence peut paraître surprenant : il y a aussi une base de l'Armée de l'Air à l'aéroport de Manises, équipée de F4 « Phantoms » dont les performances sont très proches de celles du F1.

Le journaliste J. J. Benítez s'est interrogé à ce sujet et a obtenu des explications. Le F1 aurait été jugé doté d'une plus grande capacité de manœuvre et, surtout, plus apte à une mission de ce type du fait

64 Le Mirage F1 va faire une longue carrière dans l'Armée de l'Air de nombreux pays. En 1995, une guerre frontalière oppose le Pérou et l'Equateur : la guerre du Cenepa. Un engagement entre deux F1 équatoriens et deux Sukoï 22 péruviens s'est conclu par la destruction des deux Sukoï. Retiré du service en France en 2014, il est toujours en service dans d'autres pays et des sociétés privées l'utilisent massivement.

qu'il est équipé d'un projecteur d'une portée d'un kilomètre destiné à l'identification des contacts, comme un autre appareil en vol par exemple.

Dès les premières minutes de vol, le Mirage capte des interférences radio similaires à celles mentionnées précédemment. Elles vont être perçues par intermittence tout au long de la mission et plus particulièrement dans un espace triangulaire compris entre Valence, Sagonte et Las Columbretes, un archipel volcanique situé à une trentaine de milles de la côte.

Le capitaine Cámara a tout de suite établi le rapport entre les interférences radio et celles qu'il avait captées quelques jours auparavant lors de l'exercice CRISEX-79 effectué conjointement avec l'U.S. Navy. Lors d'une émission à la télévision espagnole, Fernando Cámara se lancera même dans une imitation du signal reçu : « Wouh-wouh-wouh ».

L'exercice CRISEX-79 s'est fait avec le Groupe aéronaval du Nimitz, porte-avions des États-Unis à propulsion nucléaire. C'est ce même groupe qui est intervenu quelques mois plus tard lors de l'opération Eagle Claw (Serre d'Aigle), les 24-25 avril 1980. L'objectif de la mission était la libération des otages américains de l'ambassade de Téhéran, en Iran. La mission fut brusquement annulée lorsque les hélicoptères envoyés sur place s'écrasèrent dans le désert suite à une tempête, faisant huit morts et livrant aux Iraniens des documents de la C.I.A. C'est aussi ce même porte-avions qui a été choisi pour tourner « Nimitz, retour vers l'enfer », avec Kirk Douglas et Martin Sheen, sorti en juillet 1980.

Interrogée par écrit par le général commandant l'Armée de l'Air espagnole, la VIe Flotte[65] répond via un général de l'U.S. Air Force du « Joint United States Military Group » que « No aircraft of that fleet was airborne at the time of the incident » et « No U.S. Navy carrier was near the area in which the incident was reported ».

En bon français, la Navy est hors de cause : il n'y avait aucun appareil états-unien en vol dans le secteur au moment des faits.

Nous reviendrons sur ce point.

---

[65] La Flotte des Etats-Unis basée en Méditerranée.

Quartier général de l'Armée de l'Air espagnole (photo de l'auteur).

Aux commandes de son F1, le capitaine Fernando Cámara finit par repérer des lumières rouges qui lui paraissent assez éloignées dans le ciel limpide. Son radar reste cependant muet : il ne repère rien, pas plus que celui de Pégase. Tous les instruments lui disent qu'il est seul dans le ciel. Et pourtant, il a mis le cap sur une cible qu'il ne peut identifier.

Pégase lui demande d'abandonner ces lumières pour mettre le cap sur Valence où un objet est signalé à la verticale de l'aéroport. Situé à Madrid, Pégase est le centre névralgique de la Défense nationale espagnole.

Durant la phase d'approche de Valence, le capitaine Cámara distingue à la verticale de la ville ce qui pourrait correspondre à un avion, avec des lumières rouges et vertes. Chose impossible puisque le vol JK-297 est posé depuis longtemps et que le ciel de la région est censé être vide, les contrôleurs y ayant veillé. Là encore, le radar du Mirage ne lui signale aucun écho.

C'est alors que Pégase lui confirme qu'un premier objet, immobile, est observé depuis le sol à 8 000 pieds (2438 km) au-dessus du port, et qu'un autre, probablement celui observé par le pilote militaire, est toujours signalé à la verticale de l'aéroport.

Pégase ajoute peu après qu'un autre objet est dans le ciel de Sagonte. Le capitaine Cámara demande s'il doit changer de cap pour se diriger vers Sagonte, mais Pégase veut d'abord savoir s'il pense être en train de se rapprocher de sa cible du moment. Cámara est incapable de le déterminer.

C'est au tour de la tour de contrôle de Valence de confirmer la présence d'un objet inconnu au-dessus de Sagonte.

Pégase n'a pourtant aucun contact radar en dehors du Mirage[66] et celui-ci continue en direction de sa cible dans l'espoir de l'atteindre et de l'identifier. Les lumières deviennent plus intenses aux yeux du pilote, il distingue aussi du blanc. Pourtant, il ne pense pas se rapprocher. Pégase lui ordonne alors de mettre le cap sur Sagonte, au nord-nord-est de Valence.

Depuis qu'il a décollé, le capitaine Cámara a surtout navigué cap au nord. Il est important de le garder en mémoire pour le moment où nous en arriverons aux tentatives d'explication de cette folle nuit.

Le pilote du F1 signale alors une paire de lumières semblables aux précédentes au-dessus de la mer. Un radar inconnu se met à illuminer l'avion par intermittence, par la gauche puis de face. Pégase annonce un contact fugace sur ses écrans et le F1 est soudain « accroché » par des impulsions radars qui viennent de tous les côtés. Le radar du F1 reste désespérément muet. Informé, Pégase a pour seule réponse : « Asombroso »[67].

Au bout d'un moment, le pilote prend la décision de faire demi-tour et de repartir vers le Sud, en direction de Valence et Albacete.

Peu avant d'atteindre Albacete et sa base, le Mirage est encore une fois accroché par un radar par la droite et en queue, puis par la gauche en plus de la droite et de l'arrière. Pégase n'a toujours rien sur ses écrans.

Le capitaine Fernando Cámara rentre à sa base de los Llanos le réservoir presque vide après 1 h 30 de poursuite. Il a poussé son Mirage jusqu'à 1,4 Mach (1 488 km/h) sans succès.

Le rapport rédigé par le juge instructeur de l'Armée espagnole indique également que le pilote du F1 a tenté de filmer les lumières prises en chasse, mais que la caméra n'a pas fonctionné.

---

66 Les vols ont été détournés, le ciel du Sud-Est de l'Espagne est censé être vide en dehors du chasseur.

67 Incroyable, stupéfiant.

À l'issue de ces événements, un grand nombre de témoins a été auditionné par l'Armée : le pilote et le copilote de la T.A.E., le capitaine Cámara, un lieutenant-colonel de 31 ans de l'Armée de l'Air qui circulait sur la route de Valence à Madrid, un ingénieur en aéronautique qui était présent à l'aéroport de Valence, des contrôleurs aériens civils et militaires, un mécanicien de chez Renault… La liste exhaustive serait longue et sans plus d'intérêt que celle-ci. Tous ont observé une ou plusieurs lumières fixes ou en mouvement, parfois très rapide, qu'ils n'ont pu expliquer.

Le journaliste Juan José Benítez est sur le coup dès le lendemain des faits, le 12 novembre 1979. Il apprend très vite que le ministre espagnol des Transports de l'époque, Salvador Sanchez Terán, est en visite à l'aéroport de Valence-Manises ce jour-là. Le ministre est alors mis au courant des événements. Le directeur de l'aéroport civil de Manises, Miguel Morlán, lui aurait même déclaré avoir vu les O.V.N.I. au-dessus de l'aéroport.

Il semble cependant que la visite du ministre était prévue. Il s'agit donc vraisemblablement d'une coïncidence.

Dès le 12 novembre, il est donné comme consigne aux employés de l'aéroport de ne parler sous aucun prétexte des observations d'O.V.N.I. Toute l'information est très vite centralisée au sous-secrétariat de l'Aviation civile à Madrid.

Pendant ce temps, certains des passagers autrichiens et allemands de du vol JK-297, qui ont pris beaucoup de retard (c'était déjà le cas avant que l'avion se détourne vers Valence), expriment leur mécontentement et s'indignent de la version officielle. Pour eux, cette histoire d'O.V.N.I. n'est pas sérieuse et ils évoquent une défaillance mécanique. Or, la Super-Caravelle avait été révisée à fond quelques semaines plus tôt dans l'aéroport même de Manises.

Benítez recueille longuement le témoignage du directeur Miguel Morlán, dont la femme et les enfants ont aussi vu les O.V.N.I. Morlán lui parle de tout : l'émission radio inconnue, l'arrivée inattendue du vol de la T.A.E., le premier signalement de possibles O.V.N.I. par la tour de contrôle, une lumière étrange au-dessus de la zone de stockage du carburant alors que l'équipage de la T.A.E. descend de la Super-Caravelle, des autres équipages qui auraient signalé des O.V.N.I. ce soir-là, dont celui d'un appareil d'Iberia, de la vingtaine de passagers de la T.A.E. qui auraient eux aussi vu les O. V.N.I…

Laissé seul quelques minutes dans le bureau de Miguel Morlán, J. J. Benítez va même avoir la possibilité de photographier certains documents provenant des militaires concernant les événements de la nuit du 11 novembre.

Au cours de son enquête, Juan José Benítez va mettre à jour une affaire comportant des similitudes avec celle de Manises.

Un autre pilote, Teodoro Ferreira, lui certifie que les O.V.N.I. sont réels et lui raconte ce qu'il a vécu en 1975 ou 1976 aux commandes d'un bimoteur Piper PA-31 « Navajo ». Alors qu'il transportait des cadres d'entreprises en direction de Valence, il voit sur sa gauche, entre Cordoue et Bailén, une lumière rouge qui vient droit sur son avion.

Le commandant Ferreira actionne tout de suite les feux du Piper pour se signaler et éviter une collision, mais n'obtient aucune réponse.

La lumière, qui se positionne sur les 7 h 30 de l'avion, se met à voler de concert avec lui.

Contacté par Teodoro Ferreira, l'aéroport de Séville l'informe qu'il n'y a aucun autre trafic dans son secteur. La tour de contrôle de Séville contacte le radar militaire « Bolero » situé à Constantina, au nord-nord-est de la capitale de la province. Justement, Bolero a capté un écho radar inconnu sur ses écrans.

Cinq minutes plus tard, la lumière rouge disparaît à la vue de Ferreira. Séville informe le PA-31 que Bolero a « vu » l'O.V.N.I. survoler le petit avion à très grande vitesse, couvrant 50 milles en 3 secondes, ce qui implique une vitesse de 70 000 km/h !

L'O.V.N.I. s'est ensuite mis en vol stationnaire, est resté un moment immobile, puis s'est remis en mouvement lent avant de disparaître vers le Nord.

Le 22 novembre 1979, c'est dans une chambre d'hôtel que J. J. Benítez rencontre les pilotes et l'équipage du vol JK-297 de la T.A.E. Ils vont lui apporter d'importantes précisions qui n'apparaissent pas toujours dans le dossier déclassifié par l'Armée de l'Air espagnole.

Ainsi, selon eux, l'étrange « signal d'urgence » venait de la mer. Habituellement, un tel signal s'envoie en morse, mais, cette fois, il ne s'agissait clairement pas de ça et il était inintelligible. Le contrôle de Barcelone a estimé que la source d'émission était à approximativement 40 milles[68] au nord-est de Valence, au large face à Sagonte.

Lors de cette aventure, ce qui a le plus surpris le commandant de bord Javier Lerdo de Tejada, c'était que le phénomène manœuvrait de concert avec son appareil, ou plutôt avec sa pensée, jusqu'à évoluer avant que la Super-Caravelle ne le fasse physiquement.

Pour l'équipage, ce qu'ils ont croisé dans le ciel espagnol était clairement un engin piloté par une intelligence.

Comme dans un roman d'espionnage, après quelques contacts et un coup de téléphone passé d'une cabine publique, J. J. Benítez obtient un rendez-vous secret avec un colonel de l'Armée de l'Air espagnole qu'il connaît depuis longtemps. Les deux hommes se retrouvent à 22 h 45 à l'hôtel Meliá Castilla de Madrid.

Le colonel entame le récit de la mission du Mirage F1 cette nuit du 11 novembre 1979. Maintenant que l'épais dossier de l'Armée de l'Air a été déclassifié, on peut le considérer comme un bon résumé de l'affaire vue par les militaires.

Ainsi, le colonel confirme au journaliste que la mission du pilote était double : se préparer à utiliser le projecteur pour identifier le ou les objets volants dans le secteur, et se préparer à faire usage de l'armement si nécessaire.

À l'issue de son travail d'enquête, Juan José Benítez est certain que trois O.V.N.I. ont été vus cette nuit-là, par plus de quarante personnes. Ils ont été pris en chasse par un Mirage F1 qui n'a pas pu les intercepter.

Ces O.V.N.I. n'ont rien à voir avec notre civilisation. Il s'agit de vaisseaux extraterrestres.

Enfin, une question l'interpelle : quelle raison pourrait justifier qu'un vaisseau extraterrestre décide d'une approche si risquée d'un vol civil tel que celui de la T.A.E. ?

Il n'est pas le seul à avoir tiré des conclusions des événements de cette nuit du 11 novembre 1979. Le juge instructeur, qui a le rang de capitaine, nommé par l'Armée de l'Air espagnole a mené des recherches approfondies dont il est temps de parler. Il s'agit du capitaine Moreno de la Base Ala11, la base aérienne de Manises.

---

[68] 64 km.

Après avoir repris point par point les témoignages, les enregistrements des conversations entre les différents pilotes et leurs contrôleurs, les enregistrements radars, le capitaine Moreno conclut ainsi[69] : « Se plantea la necesidad de considerar la hipótesis de que existe efectivamente una nave de procedencia desconocida impulsada por energía también desconocida ».

Autrement dit, il apparaît à ces yeux qu'il est devenu nécessaire de considérer l'hypothèse d'un engin d'origine inconnue propulsée par une énergie d'origine tout aussi inconnue. Ce n'est pas rien quand on pense que c'est un officier qui porte la charge de juge instructeur du dossier qui s'exprime ainsi.

Il s'agit officiellement donc bien d'un objet volant non identifié d'origine inconnue.

Toutefois, il souligne aussi qu'il n'existe aucune preuve de l'existence physique de l'objet, seulement de celles de lumières dont la nature est inconnue même si les échos radars enregistrés par Pégase laissent envisager une certaine matérialité.

Les éléments en sa possession ne sont pas jugés suffisants pour obtenir une certitude, aussi rajoute-t-il que certaines hypothèses ne peuvent être définitivement écartées.

Certains points qui n'apparaissent pas clairement, ou pas du tout, dans les documents déclassifiés sont soulignés par le rapport du juge instructeur. Ils ont donc dû exister à un moment et ont été perdus ou non communiqués lors de la déclassification. Peut-être n'ont-ils jamais été déclassifiés. Par exemple, les radars de Pégase ont ponctuellement détecté plusieurs objets dans le ciel à proximité du vol de la T.A.E., ce qui peut laisser penser à une poursuite engagée contre la Super-Caravelle.

Parmi les possibles explications, le juge instructeur en émet certaines en ce qui concerne le vol JK-297. Il envisage tour à tour le reflet des lumières de navigation de la Super-Caravelle sur des cristaux de glace, une confusion avec une étoile ou une planète, un autre avion de provenance inconnue, la présence de plusieurs trafics non enregistrés.

---

[69] Page 101 du dossier déclassifié.

Aucune de ces hypothèses ne paraît satisfaisante et ne permet une explication globale. L'officier espagnol émet d'ailleurs des objections aux hypothèses qu'il a lui-même avancées. Il retient par exemple la déclaration du commandant Javier Lerdo de Tejada qui précise que les lumières étaient trop grandes et intenses pour être les reflets des lumières de l'avion.

Le Ministère de la Défense espagnol a écarté de lui-même l'hypothèse du reflet, ainsi que celle de l'inversion de température ou celle d'un autre avion ou d'un hélicoptère. Cette dernière explication a pourtant été un temps envisagée en raison d'un trafic de ce type dans la zone. Également le porte-hélicoptères Iwo Jima LPH-2 était dans l'ouest de la Méditerranée à ce moment[70]. De septembre 1979 à mars 1980, il navigue en Méditerranée. On le retrouve aussi au large du Liban en 1983[71]. Mais des hélicoptères auraient dû être clairement visibles au radar et n'auraient en aucun cas pu éviter d'être rattrapés par le Mirage du capitaine Cámara.

Il met aussi hors de cause la VIe Flotte des États-Unis alors en Méditerranée. Il considère comme sérieuse et fiable la réponse écrite des États-Unis mentionnant que la VIe Flotte ne pouvait en aucun cas être à l'origine des événements de cette nuit.

Il s'attarde peu sur l'hypothèse d'une étoile ou planète mal perçue... La suggestion collective est aussi écartée : trop de témoins en trop d'endroits différents.

Également, le fait que les observations visuelles soient appuyées par des enregistrements radars renforce l'étrangeté du phénomène.

Selon le juge instructeur, la confusion avec un astre n'est pas à rejeter totalement, voire reste l'hypothèse la plus acceptable[72], mais il se déclare incompétent pour trancher.

Les seules photographies connues de cette mystérieuse soirée ont été prises par un mécanicien de chez Renault, José Climent. Il était dehors avec son appareil photo lorsque deux lumières orangées en mouvement lent puis rapide sont apparues dans le ciel.

---

70 Il a été affecté en 1963 à la VIIe Flotte, celle du Pacifique mais ses missions l'ont parfois éloigné de cette affectation.

71 C'est l'époque des attentats à Beyrouth contre les soldats états-uniens (241 morts) et français (58 morts au Drakkar) perpétrés par des islamistes fanatiques.

72 Si on ne tient pas compte des données radars.

Il ne lui restait que deux photos dans son appareil et il a pu prendre deux clichés en une vingtaine de secondes d'observation avant que le phénomène ne disparaisse derrière une cordillère. La seconde photographie a été rendue publique par l'Armée[73]. On n'y distingue hélas rien de plus qu'une tache lumineuse floue, plus longue que large, sans pouvoir avoir une idée de la taille du phénomène, de sa forme ou de son orientation (haut, bas).

Quelques secondes après avoir pris le cliché, Climent observe un avion de chasse comme lancé à la poursuite de l'O.V.N.I.

Selon Juan José Benítez, l'observation correspond bien à la poursuite engagée par le Mirage F1, tant pour l'heure que pour la localisation et la trajectoire.

Les négatifs auraient été emportés par des militaires en uniforme de l'Armée de l'Air espagnole à en croire José Climent, et ils ne font hélas pas partie des documents déclassifiés.

Passée la nuit du 11, les observations continuent tout au long du mois de novembre et la chasse espagnole est amenée à décoller une fois de plus le 12, le 17 et le 28. Interrogé à ce sujet, le capitaine Cámara m'a informé n'avoir participé à aucune de ces autres missions. Il en a cependant parlé avec certains de ses collègues pilotes.

Des lumières sont observées, des radars inconnus illuminent à nouveau les Mirage et un contact radar est obtenu le 28 novembre alors qu'il n'y a plus d'interférences radio captées après le 12.

Encore plus étrange, le 17, des voix d'enfants sont captées sur la fréquence militaire par le pilote du F1 en mission d'interception à ce moment-là. Ces voix rient et demandent : « Hola, ¿cómo estás?... Hola, hola… ». Ces voix se font entendre une trentaine de secondes avant de disparaître. Dans une émission de télévision bien plus tard, le capitaine Cámara a affirmé que les voix se faisaient entendre même une fois que le pilote ait effectué un changement de canal puis coupé la radio. Un avion civil les aurait aussi entendues sur leur fréquence.

La situation est alors si préoccupante dans le pays que le sujet est abordé au Parlement espagnol par le député socialiste Enrique Múgica Herzog en 1980.

---

[73] Qu'est devenue la première ?

L'État-Major de l'Armée française s'intéresse aussi au dossier. Il a fait une demande en décembre 1979 pour que lui soient communiqués les conclusions de l'enquête ainsi que tous les éléments possibles à des fins de transmission au C.N.E.S., le Centre national d'études spatiales.

La demande est rejetée par l'Armée de l'Air espagnole du fait de la classification de toute information concernant les O.V.N.I.

En 1980, une première explication est proposée par des ufologues valenciens dont Vicente-Juan Ballester Olmos : il pourrait s'agir d'un chasseur de la VIe Flotte des États-Unis, un F4 Phantom ou peut-être un F14 Tomcat.

Le problème est que cela ne correspond pas aux descriptions des témoins, par exemple pour la couleur des lumières observées. De plus, depuis la déclassification du dossier de l'Armée de l'Air, on sait que l'hypothèse U.S. Navy n'est plus à l'ordre du jour, sans compter qu'aucun de ces deux types d'appareils n'aurait pu distancer un Mirage F1 comme l'a fait l'O.V.N.I. qui s'est dirigé à un moment vers le Nord-Ouest à très grande vitesse avant de se contenter de maintenir une distance « de sécurité » entre l'avion et lui. Il fallait chercher ailleurs.

La Fundación Anomalía était une association ufologique importante en Espagne. Née à Séville en 1983 à l'initiative de José Ruesga, basée plus tard à Santander, elle a publié jusqu'à sa disparition en 2012 les célèbres *CdU*, les *Cuadernos de Ufología*, une revue qui a su fédérer des ufologues véritables qui avaient en commun le refus du sensationnalisme, ceux qui refusaient de faire le buzz pour faire le buzz, avec entre autres, Juan José Benítez, Vicente-Juan Ballester Olmos, Ignacio Cabria ou encore Juan Antonio Fernández Peris.

La Fundación Anomalía a elle aussi proposé une explication. Elle a émis l'hypothèse que les lumières observées par les nombreux témoins étaient celles des torchères de la raffinerie d'Escombreras. Une visibilité exceptionnelle combinée à une inversion de température aurait pu donner l'impression de phénomènes lumineux aériens.

Escombreras est située à environ 200 km au sud de Manises, dans la région de Carthagène.

Cette explication des torchères n'est pas totalement rejetable si on n'a comme point de départ que le livre de J.J. Benitez, excepté lorsque le F1 se lance à la poursuite de l'O.V.N.I. qui le distance rapidement en direction du Nord : les torchères sont alors dans le dos du pilote, loin de son axe de vision. Il n'a aucune chance de pouvoir les confondre avec quoi que ce soit puisqu'il ne peut pas les voir.

Accepter cette hypothèse serait aussi laisser de côté trop d'informations qui ne cadrent pas. Par exemple, comment faire entrer dans ce schéma les observations depuis le sol qui indiquent que les lumières sont à la verticale, les échos radars, les photographies et les mouvements constatés ?

Devenu colonel et versé dans la réserve, Fernando Cámara a réfuté catégoriquement cette explication lors d'une émission télévisée il y a quelques années. Il est inconcevable qu'un pilote professionnel, quel qu'il soit, puisse confondre des points lumineux fixes au sol avec les phénomènes tout à fait extraordinaires et en mouvement auxquels il a eu à faire.

En octobre 2015, il déclare à Radio Ser, une radio valencienne, qu'il devait s'agir d'un engin doté « d'une technologie inconnue ».

Aucune explication à ce qui s'est passé en novembre 1979 ne permet de considérer le dossier comme classé.

Aujourd'hui encore, on peut lire des commentaires à ce sujet sur le net. Certains ont été écrits par ceux qui ont vécu l'événement depuis le sol, mais qui ne se sont pas déclarés aux autorités de l'époque.

On peut ainsi lire : « Abrí la ventana vi la luz,enorme, avisé a mis padres y a mis vecinos, […] todo el vecindario lo vió. Se oyó otro estruendo y apareció un avión militar, entonces desaparecieron ambos de nuestra visión ».

Ou encore : « Vi claramente la gran luz como se elevaba hacia el cielo, dando la vuelta hacia Valencia y no más de cinco segundo un avión del ejército detrás ».

« J'ai ouvert la fenêtre et vu la lumière, énorme, j'ai prévenu mes parents et les voisins, [...] tout le voisinage l'a vu. On a entendu un autre bruit et est apparu un avion militaire, puis les deux ont disparu de notre champ de vue ».

« J'ai clairement vu la grande lumière qui s'élevait dans le ciel, faisant demi-tour vers Valence, et pas plus de cinq secondes après un avion de l'armée fonçait à sa suite ».

Le dernier élément à porter au dossier est à mettre au compte d'Antonio Ribera i Jordá. Né le 15 janvier 1920 à Barcelone et décédé le 24 septembre 2001 à Sant Feliu de Codines (région de Barcelone), cet écrivain et ufologue espagnol, s'intéresse aux ovnis dès le début des années 1950. Considéré comme l'un des pères de la recherche ufologique espagnole, il fut rédacteur en chef pour 15 numéros de la version hispanique (Amérique du Sud également) de la revue « Planète » (« Horizonte ») dans la droite ligne du Réalisme fantastique issu de l'ouvrage « Le matin des magiciens » de Jacques Bergier et Louis Pauwels. Il fut également l'un des principaux spécialistes de l'affaire Ummo.

En ce qui concerne le dossier Manises, il a mis en évidence dès 1984 une conséquence importante des observations de 1979 : c'est seulement à partir des événements de Manises que le dossier O.V.N.I. a fait l'objet d'une classification « top secret » en Espagne.

En cuanto a España, toda la información relativa al fenómeno «ovni» fue declarada oficialmente como «materia reservada» en 1979 por la JUJEM (Junta de Jefes de Estado Mayor), sin duda a raíz del famoso «incidente de Manises», mediante las atribu-

Quelques années après mes premières recherches sur « el expediente Manises », je suis parvenu à entrer en contact avec le colonel à la retraite Fernando Cámara. Un grand merci à la mobilisation de certains de mes contacts espagnols qui se reconnaîtront. C'était l'occasion de revenir sur certains points de cette aventure dont quelques-uns vont pour la première fois être publiés dans ce livre.

Dès son atterrissage après sa mission nocturne, le capitaine Cámara était troublé par les capacités des « engins » qu'il avait pris en chasse. Même à bord de son Mirage F1, il n'avait pu intercepter aucune de ses cibles. Il avait déjà conscience en touchant le sol qu'il s'était confronté à quelque chose d'inconnu, au comportement et aux évolutions qui dépassaient la technologie de l'Armée de l'Air espagnole.

Dans le même temps, Fernando Cámara avait une conscience aiguë de son échec concernant l'identification des lumières qui avaient obligé l'avion de la T.A.E. à se poser à Valence. Il avait « foiré » sa mission d'interception et d'identification…

Le fait que l'Armée des États-Unis ait démenti par écrit avoir été à l'origine des incidents de cette nuit-là n'est pas forcément gage de bonne foi en ce qui me concerne. Trop souvent, il a pu être démontré qu'elle n'était pas digne de confiance, du fait de ses secrets[74] ou de ses erreurs[75].

Fernando Cámara a également eu ses doutes et a envisagé cette solution au mystère de Manises, d'autant plus qu'ils venaient de mener des manœuvres conjointes avec la VIe Flotte. Il a eu connaissance de la réponse négative fournie par les États-Unis, qui lui convenait, car, ayant participé aux manœuvres, il avait pu noter des différences notables entre l'exercice CRISEX-79 et les événements de la nuit de novembre.

Pourtant, bien plus tard en 1990, alors qu'il était en stage de formation auprès de la D. I.A. à Bolling (le siège de l'Agence de renseignement de la Défense, Washington D.C.), il eut l'occasion de vérifier que l'incident de Manises était aussi catalogué comme d'origine inconnue pour les États-Unis.

74 Pensez par exemple aux multiples explications concernant l'incident de Roswell, toutes plus fausses les unes que les autres.

75 Elle a le record du monde du tir ami, c'est-à-dire de l'erreur de tir qui touche ses propres troupes ou celles d'un allié.

De façon plus générale, la confrontation avec les ovnis de Manises n'a pas gêné F. Cámara dans sa carrière, mais il est en quelque sorte devenu le militaire « référent » lorsque les médias souhaitaient aborder le phénomène O.V.N.I. avec l'Armée : c'était lui qu'on envoyait parler aux journalistes.

Plus de 40 ans plus tard, Fernando Cámara reste très marqué par ce qu'il a vu cette nuit-là. Pour lui, les témoignages des pilotes civils de la T.A.E., les témoins au sol, les traces radars, les performances qu'il a pu constater, font du dossier Manises un dossier majeur de l'ufologie espagnole, mais pas le seul. Il souligne qu'il y a eu un grand nombre d'autres observations d'objets et de phénomènes étranges dans le ciel de son pays.

Alors, le cas de Manises est-il un cas exceptionnel ? On peut sans nul doute l'affirmer, du fait de l'abondance des témoignages concordants, des traces radars et des autres éléments analysables et analysés par le juge instructeur en charge du dossier.

Un mystérieux phénomène à Lunel-Viel.

Notre prochain arrêt dans le temps nous amène au début de la matinée du 19 décembre 1979. L'observation a été traitée « à chaud » par un binôme de PALMOS, Pierre Pariselle et Bernard Dupi, peu de temps après les événements de Manises dont nous ignorions alors tout en France[76].

Nous sommes dans l'Hérault et, comme à son habitude, Madame A. s'apprête à conduire en voiture sa fille S. jusqu'à l'arrêt de bus de Valergues, soit un trajet d'un peu plus de 3 km depuis Lunel-Viel. De là, S. pourra aller jusqu'à son lycée montpelliérain sans plus avoir besoin de sa mère.

Il est 7 heures du matin et les choses vont prendre un tour inattendu.

Mme A. démarre la Renault 4 CV pendant que sa fille se dirige vers la porte du garage pour l'ouvrir. Le starter est mis lorsque, soudain, Mme A. découvre qu'elle est incapable de bouger, elle ne sent même plus ses jambes. Elle est comme paralysée, seul son cerveau semble encore à même de fonctionner librement. Elle s'inquiète d'ailleurs pour son moteur qui donne l'impression de vouloir exploser tant il fait de bruit avec le starter : « La voiture ! Le moteur va exploser et tu ne peux pas te libérer[77]. » A posteriori, elle pensera que son cerveau a peut-être amplifié le bruit du moteur et qu'il n'était pas aussi fort dans la réalité.

Soudain, elle entend le cri de sa fille « Maman ! » Il lui semble lointain, bien plus lointain que la porte du garage. Elle recouvre alors sa capacité de mouvement et coupe le moteur. Elle se sent comme

---

[76] Notre attitude autocentrée et la tendance que nous avons à regarder vers l'ufologie des Etats-Unis font que cela reste vrai encore aujourd'hui.

[77] La notion de « se libérer » semble impliquer qu'une volonté étrangère s'impose à la Lunelvielloise.

entourée de coton. Sortie de la voiture, elle ne sent pas le sol sous ses pieds. Elle perçoit une vague de chaleur fugitive et comme une odeur de brûlé, assez indéfinissable, dont elle n'arrive pas à trouver l'origine.

Arrivée à la porte du garage, elle se sent de nouveau « normale ». Le portail est à moitié ouvert. Elle le referme. Sa fille est là qui lui demande de ne pas sortir la voiture tant qu'il ne fait pas jour : « [...] il y a quelque chose dans la cour ».

La mère est toute disposée à croire sa fille. « Que s'est-il passé ? »

« J'ai vu un cercle... » S. vient d'observer un cercle lumineux d'approximativement un mètre de diamètre se déplacer devant la porte du garage, un cercle qu'elle appelle aussi parfois un cerceau.

Mme A. a bien ressenti une paralysie, mais n'a rien vu. Elle n'a pourtant aucune difficulté à accepter la déclaration de sa fille.

Elle ouvre la porte du garage, sa fille à côté... Rien. Elles observent cependant une lueur blanchâtre au pied du grand cyprès, de la même couleur que le cercle aperçu par S. même si la lueur était plus vive auparavant. Selon S., le cercle lumineux est allé du muret au cyprès[78]. Comme une roue de vélo sans rayon qui roulait ou glissait d'une façon fluide, sans perturber les gravillons de la cour. Sa trajectoire est rectiligne et constante. À l'intérieur du cerceau, rien, le néant. Ou peut-être que cela semblait remuer...

Se reculant pour se cacher derrière la porte du garage, S. n'a pu assister à son départ. Une impression persiste : « [...] si j'avais voulu avancer, je n'aurais pu ».

Finalement, A. et S. ouvrent en grand la porte du garage, montent dans la 4 CV et prennent la route de l'arrêt de bus.

L'enquête de Pierre Pariselle et Bernard Dupi va rapidement s'orienter vers une solution envisageable.

En effet, les enquêteurs de PALMOS remarquent très vite qu'une ligne de 15 000 volts passe à une quarantaine de mètres face au garage. Une ligne de la SNCF passe à 200 mètres au nord et le transformateur de la maison (220/380V triphasé) se situe à l'arrière. Le ciel est dégagé, il fait encore nuit et la température est de 7 ° à 7 heures du matin. Il n'y a pas de vent.

---

[78] Voir le croquis de « reconstitution ».

Le déplacement du cerceau, entre la murette et le cyprès, s'est fait sur 8 mètres, et a pris entre 7 et 8 secondes[79]. On peut donc considérer que le phénomène se déplaçait à environ 3,6 km/h.

Le comportement des animaux de la famille rapporté par Mme A. mérite d'être noté : peu de temps avant l'observation, les deux chiens et les deux chats se sont postés face à la porte du garage et se sont manifestés dans le but évident de rentrer dans la maison.

PALMOS conclut sagement à une absence de relation entre l'observation et l'hypothèse extraterrestre. L'explication la plus probable leur semble plutôt à rechercher du côté des phénomènes naturels de nature électromagnétique encore inconnus.

40 ans plus tard, nous pouvons évoquer les travaux sur la foudre en boule réalisés, entre autres, par le Laboratoire de recherche sur la foudre établi dans le Cantal et dirigé par Raymond Piccoli. Il s'agissait probablement d'un phénomène de foudre en boule quoique cela ne puisse être certifié à 100 %. Le doute peut donc subsister.

---

[79] Cela correspond au temps d'observation.

Trans-en-Provence, 8 janvier 1981.

Une autre observation restée inexpliquée est celle de Renato Nicolaï dans son jardin le 8 janvier 1981 aux alentours de 17 h.

Trans-en-Provence se situe à quelques kilomètres au sud de Draguignan, dans le Var. Comme celle de Valensole, elle ne fera pas l'objet d'un long traitement tant le sujet a été débattu et du fait de la facilité à trouver des informations sur cet événement.

Selon son témoignage, ce maçon à la retraite voit soudain un engin gris ayant la forme de deux assiettes renversées l'une contre l'autre, face à face, se poser à quelques pas de l'endroit où il construit un abri en ciment pour une pompe à eau. Dans le même temps, il perçoit une sorte de léger sifflement.

L'engin est petit, moins de deux mètres de haut pour 2,50 m de diamètre. Une trentaine de secondes plus tard, l'O.V.N.I. redécolle et des traces restent visibles au sol.

La gendarmerie entame une enquête, auditionne le témoin, étudie les traces au sol et prélève des échantillons.

Si la gendarmerie intervient dès le lendemain de l'observation, le G.E.P.A.N. ne se déplace que le 17 février et les traces au sol sont encore bien visibles. Une nouvelle série de prélèvements est effectuée. Les analyses sont confiées à quatre laboratoires indépendants.

Les résultats indiquent qu'une structure pesante a tassé le sol là où le témoin a indiqué qu'il y avait eu l'atterrissage. Un échauffement important a été démontré et de possibles résidus de combustion relevés. La luzerne a subi une dégradation qui varie en fonction de sa distance avec la trace.

Les raisons de ces dégradations n'ont pu être déterminées par l'équipe du professeur Michel Bounias du Laboratoire de biochimie de l'I.N.R.A. (Institut national de recherche agronomique), mais l'hypothèse d'un champ électrique intense est évoquée.

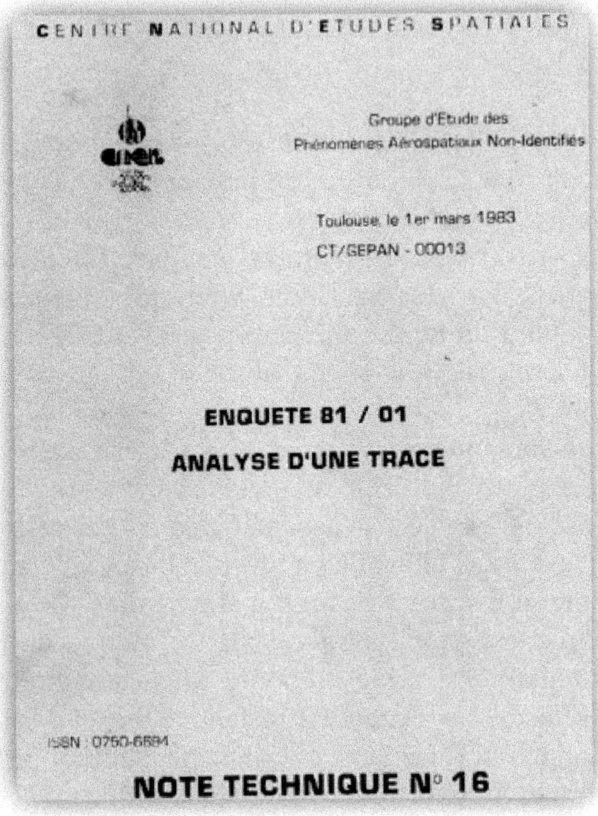

CENTRE NATIONAL D'ETUDES SPATIALES

Groupe d'Etude des
Phénomènes Aérospatiaux Non-Identifiés

Toulouse, le 1er mars 1983
CT/GEPAN - 00013

ENQUETE 81 / 01

ANALYSE D'UNE TRACE

ISSN : 0750-6694

NOTE TECHNIQUE N° 16

En 1983, le G.E.P.A.N. publie la note technique numéro 16 entièrement consacrée à ce dossier.

Retour sur la diapositive du Petit-Rechain.

Nous connaissons tous cette image, la capture presque parfaite d'un ovni triangulaire dans le ciel belge. Elle a fait le tour du monde, la couverture de magazines ou encore des deux tomes de *Vague d'OVNI sur la Belgique* publiés par les enquêteurs de la SOBEPS.

Considérée par beaucoup d'ufologues comme la preuve ultime de la présence des O.V.N.I., voire des extraterrestres, l'année 2011 lui a pourtant été fatale. Après plus de 20 ans de bons et loyaux services, elle allait pouvoir se retirer de la scène ufologique. Consacrons-lui cependant encore un peu d'attention… Même si le début de cette histoire se situe bien loin des rives de la Méditerranée, elle a toute sa place dans ce livre du fait d'un extraordinaire rebondissement cette année-là.

Le 4 avril 1990 à Petit-Rechain (Belgique[80]), en plein milieu de la vague belge, une photographie insolite retient l'attention. On y voit un objet volant non identifié de forme triangulaire, avec une lumière sous chaque angle et une autre en son centre. La photo est floue, mais on y distingue sans nul doute ce qui va être pendant vingt ans considéré comme un authentique engin volant non identifié.

Des analyses sont faites, par la S.O.B.E.P.S., par des scientifiques tels que M. Auguste Meessen, par M. François Louange. Rien ne vient remettre en doute l'authenticité du cliché. La photographie devient une référence. Des centaines d'ufologues la prennent en exemple pour démontrer l'existence du phénomène O.V.N.I., à commencer par l'auteur de ces lignes. On la trouve sur les sites d'internet, dans les livres, sur leur couverture même.

Et voilà que fin juillet 2011, le 26, on apprend qu'il ne s'agirait que d'un canular. Un homme, M. Patrick M., s'exprime à la télévision belge et lève le mystère. L'information est reprise par de nombreux médias

80 Au nord de Verviers, à l'Est de Liège.

télévisés et écrits. Nombre d'ufologues hésitent entre colère et déception, remettent parfois en doute ce nouveau témoignage qui vient briser leur croyance. Ceux qui avaient enquêté à l'époque sur cette image se remettent au travail à l'image de M. Meessen qui repart rencontrer le témoin, s'entretient longuement avec lui et envisage cette nouvelle piste, cherche un moyen de la faire correspondre aux analyses, revoit ses conclusions.

Les médias, trop souvent frileux lorsqu'il s'agit de parler des cas qui restent non identifiés, suivent l'affaire de très près. De trop près peut-être… Jusqu'en France même où les principales chaînes de télévision et de radio reprennent l'histoire.

Nous, à OVNI-Languedoc, nous regardions tout ça de loin. Après tout, la Belgique, ce n'est pas la porte à côté ! Aucun de nous n'avait travaillé sur ce dossier à l'époque, surtout pas moi qui habitai en Espagne lors de la vague belge. Mais, alors que nous ne nous intéressions à ce dossier qu'à distance, le hasard a fait que nous entrions en contact par mail d'abord avec le principal protagoniste de cette affaire, M. Patrick Maréchal, dont voici la photographie prise à notre demande le 2 août 2011. Dans le doute, il nous fallait une certitude quant à l'identité de ce « contact », le journal étant là pour confirmer la date.

Nos discussions nous ont amenés à lui poser quelques questions auxquelles il a bien voulu répondre. Le jeune homme de vingt ans qui s'est laissé embarquer dans une histoire amusante a bien changé en 2011. Nous retranscrivons ici la substantifique moelle de nos échanges :

Question d'OVNI-Languedoc : Pourquoi avoir tant tardé avant de révéler la vérité ?

Réponse de M. Patrick M. : Au début, je ne me suis pas occupé de la photo, j'ai juste regardé ce qui se passait quand on en parlait. J'ai bien évidemment eu plusieurs fois l'envie de tout dire puis, ce sont ces derniers jours, en relisant des articles sur le net, que je me suis dit qu'il était grand temps de dévoiler la vérité.

Q : Qui avez-vous contacté pour révéler la vérité sur la photo du Petit-Rechain et comment vous êtes-vous retrouvé devant les caméras de la télévision ?

R : J'ai contacté RTL. Je voulais juste leur expliquer comment et pourquoi j'avais fait la photo, sans prendre parti, mais garder l'anonymat cela ne se fait pas, donc j'ai accepté qu'ils me montrent sans toutefois dire mon nom de famille ni mon adresse.

Q : La révélation de la manière dont a été obtenue cette photographie a provoqué une énorme déception chez les ufologues que beaucoup considéraient comme authentique. Aviez-vous envisagé ce type de réaction ?

R : Non, je n'ai jamais voulu décevoir qui que ce soit et je m'en excuse. Et surtout pas la S.O.B.E.P.S. qui a fait beaucoup de travail, pas sur ma photo, mais dans toute la Belgique. Cette photo n'est rien à côté de tous les témoignages recueillis à cette époque. Moi, j'ai juste mis une image sur ce que des milliers de personnes avaient vu et auprès d'eux je m'en excuse. Eux ont eu la chance de voir et moi j'ai profité de ce qu'ils ont vu. Cela ne remet sûrement pas en cause la vague belge. Elle est là et le restera. Mille excuses à la S.O.B.E.P.S.

Et tout particulièrement à Patrick Ferryn, Michel Bougard, Lucien Clerebaut, Auguste Meessen et au monde entier.

Q : Qu'est devenue la maquette ?

R : Je l'ai détruite très peu de temps après.

Q : J'ai dû chercher ce qu'était la frigolite. Vous avez aussi utilisé trois ampoules. Comment avez-vous réalisé la photographie ? La maquette était-elle accrochée à un fil ?

R : En fait, il y avait quatre ampoules. J'ai découpé la maquette dans de la frigolite, d'une longueur approximative de 60 ou 70 centimètres sur la grande base, je l'ai peinte avec une bombe de couleur bleue métallisée qui me restait. La couleur faisait fondre la frigolite, ce qui a donné une multitude de bosses. J'ai mis des ampoules de lampe de poche, celle du milieu, je l'ai peinte au marqueur indélébile rouge, le tout raccordé à une pile de 9 volts. J'ai accroché la maquette dans le jardin à une hauteur de 2 mètres du sol, plus ou moins. Plusieurs fils ont été nécessaires pour la mettre en position voulue. J'ai mis mon appareil sur pied et en faisant attention de ne rien avoir dans le champ de vision j'ai pris les photos à des heures différentes, en fait, des diapositives. Après développement, j'en ai choisi une qui me semblait bien.

Q : Vous venez de rencontrer M. Auguste Meessen. Il s'est posé des questions auxquelles vous n'avez pas pu répondre, par exemple, pourquoi quatre lumières sont visibles alors que vous n'avez utilisé que trois ampoules ou encore les raisons qui font que la couleur varie alors que les ampoules étaient identiques. Cela vous paraît-il étrange ?

R : J'ai beaucoup parlé avec M. Meessen depuis et il n'a jamais été question de trois ampoules, mais quatre, et je lui ai bien dit que je ne peux expliquer ce qui s'est passé. Moi, je ne suis pas un chercheur. Pour l'instant, je lui ai expliqué comment j'avais fait et il a une idée de comment ça a pu se produire et de la raison qui fait que personne n'a su voir que ce n'était qu'une maquette, mais on y travaille toujours.

Q : Comment s'est passée votre rencontre avec la S.O.B.E.P.S. ?

R : Quand à l'époque cela a dépassé toute espérance et que je ne pouvais avouer le mensonge, j'ai juste dit une invention, la plus courte possible sans trop de détails.

Q : Connaissez-vous quelqu'un d'autre qui pourrait appuyer votre témoignage ?

R : Oui, M. Meessen ne me croit pas vraiment. J'avais mis à l'époque un collègue de l'usine dans la confidence et lui avais tout montré. Je lui ai donné son nom et le lieu où il vivait à l'époque vu que je n'ai plus de contacts avec lui depuis plus ou moins quinze ans. Il l'a retrouvé et il a bien confirmé que j'avais fait une maquette ainsi que tout ce que je disais.

Q : Une autre maquette va-t-elle être reconstruite ? Dans quel but ?

R : M. Meessen m'a dit que ce n'était plus la peine, mais vu que je l'ai promis, oui je vais le refaire et essayer de voir ce que ça donne. Il est toutefois bien évident que cela ne redonnera jamais exactement la même chose que ce que cela a donné la première fois sans le vouloir.

Q : Avez-vous gagné de l'argent avec cette histoire ?

R : Non, je n'ai jamais touché quoi que ce soit à cette époque ni maintenant. Il y a sûrement le photographe de l'époque, M. Mossay, à qui j'avais prêté la diapo qui, lui, a peut-être touché quelque chose, mais moi non. Hormis l'échange de mon appareil photo que l'on m'avait demandé de prêter pour analyse et que, pas mal de temps après, quand j'ai voulu le récupérer, on m'a proposé d'échanger contre un autre qui était un peu mieux. J'ai accepté. Sur ce, par simple curiosité, j'aimerais bien savoir si quelqu'un a touché de l'argent avec ma photo et combien[81].

---

[81] Là est sûrement ce qui a fait sortir Patrick Maréchal « du bois ».

Q : Votre vie a-t-elle été changée par votre révélation ?

R : Non, sûrement pas. Il n'y a pas de raison.

Q : Que pensez-vous du phénomène OVNI ?

R : Je crois aux ovnis, enfin, je crois que si nous sommes là, il n'y a pas de raison pour qu'il n'y ait pas une autre planète habitée. De là à dire s'ils seraient capables de venir jusqu'ici... Si cela se trouve, ils sont bien moins évolués que nous, allez savoir.

Quelle déception que d'apprendre que cette photographie avait pour origine une farce de jeune homme. Toutefois, elle ne remet pas en cause, comme le dit d'ailleurs P. Maréchal, l'ensemble de la vague belge. Des centaines, des milliers de témoins, dont des pilotes, militaires ou civils, ou encore des gendarmes, ont observé à cette époque des phénomènes inexpliqués.

Il ne s'agit finalement que d'un cas parmi d'autres. L'ufologie dispose encore de bien des arguments pour justifier de son existence.

CULLERA, ESPAGNE.

Raymond Veillith a créé l'institution française des publications ufologiques en 1958. Il s'agit de la revue L.D.L.N., Lumières dans la nuit. Une revue au succès immense qui n'a pourtant jamais été disponible en kiosque. La référence ufologique, uniquement disponible par abonnement. D'abord établi à Chambon sur Lignon, Raymond Veillith avait déménagé pour le Gard en 1983. Installé dans la région de Sommières, il a tenu le magazine à bout de bras jusqu'en 1988.

Joël Mesnard est l'homme qui a pris la suite et a mené sabre au clair L.D.L.N. jusqu'en 2014. Il est aussi celui qui a accepté de faire la préface de ce livre.

Il se trouve que ses beaux-parents ont vécu une bien étrange expérience le 16 août 1997 à Cullera, un peu au sud de Valence.

L'observation s'est faite depuis la terrasse de l'appartement du couple au dernier étage d'une résidence de la rue Cabañal, qui mène à la plage. Le champ de vision s'y étend dans presque toutes les directions.

Peu après 5 h du matin, Mme T. qui n'arrive pas à dormir se lève et se rend sur la terrasse. Elle distingue en direction du sud, donc en direction des terres, la mer se trouvant à l'est, une « masse lumineuse rectangulaire » jaune et fixe dans le ciel. Cela lui fait penser à une ampoule électrique. Le rectangle est quasi-vertical, mais tout de même un peu penché vers la droite.

Après être allée se munir d'une « lorgnette », elle se rend compte que la masse lumineuse est en fait constituée d'une multitude de petites lumières semblables à de « petites ampoules électriques » et qu'il s'agit de deux rectangles superposés, celui de dessus étant légèrement plus allongé que celui de dessous.

Ayant réveillé son mari, le beau-père de Joël Mesnard pour lequel celui-ci semble toujours, plus de vingt ans après, éprouver beaucoup de respect, ils observent ce phénomène ensemble jusque vers 6 h 10.

Le jour se levant, la luminosité des rectangles augmente soudainement. Brisant leur immobilité, les rectangles de lumières s'éloignent rapidement en direction du sud-sud-est en longeant le littoral.

Aucune explication n'a pu être apportée à ce jour.

MYSTÈRE À SÈTE (HÉRAULT).

Le dimanche 18 septembre 2011 au soir, un couple circule en voiture en direction de Sète. Ils rentrent d'un week-end en amoureux et sont en vue du Mont Saint-Clair lorsque commence pour eux un épisode qui va s'avérer inoubliable, en tout cas pour le témoin principal. Entre 23 h et 1 h du matin (le lundi donc), ils vont observer un phénomène lumineux et se lancer à la poursuite jusqu'à ce qu'un étrange triangle vienne les survoler.

Même si l'enquête démarrera tardivement, en mai 2012, elle va permettre de rassembler nombre d'informations.

Alors que les deux témoins se dirigent sur la N112 entre Agde et Sète, ils observent une grosse lumière blanche unique au-dessus de la mer, plus puissante que l'étoile Polaire. Ils s'arrêtent sur une place de parking réservée aux urgences, à peu près à mi-distance des deux villes, sortent du véhicule et, depuis le bord de plage, observent le phénomène pendant 3/4 d'heures, entre 23 h et minuit.

Il est stationnaire au-dessus de la mer Méditerranée un peu au sud de Sète et du Mont Saint-Clair, au large du lieu dit « La Corniche ». Les mesures indiquent qu'il se trouvait dans une direction comprise entre 80 et 100° est, soit plein est, et à moins de 10 ° de hauteur.

La lumière reste immobile tout le temps de l'observation. Aucun bruit n'est perçu en dehors de celui provenant des voitures qui passent ou de celui des vagues.

Il fait beau, les étoiles sont visibles, il n'y a ni nuage ni vent. On ne voit pas de lumières de bateaux du type porte-conteneurs en attente d'un quai d'amarrage au port, comme il y en a souvent au large de Sète. Le témoin principal ne se souvient pas s'il y avait des lumières de voiliers ni si la Lune était visible ce soir-là. Il est cependant certain qu'elle n'était pas du côté du phénomène lumineux observé. Aucun avion ni aucun hélicoptère n'est observé, aucun autre véhicule ne s'arrête.

Les témoins remontent dans leur voiture et décident d'aller voir cette lumière de plus près. Ils roulent une dizaine de minutes, le trafic étant presque nul, traversent Sète et avancent en direction de Frontignan en suivant des yeux le phénomène tout le long du trajet. Ils s'arrêtent un peu avant Frontignan, à côté d'un rond-point proche de l'entreprise Sud Frigo. Ils se garent, tout feu éteint, et observent de nouveau, dans le noir complet, la lumière qui a toujours la même dimension apparente, le même aspect et est toujours à la même hauteur angulaire et dans le même azimut, ce qui peut laisser supposer qu'elle se trouve en fait à une grande distance.

Mal garés en bordure du rond-point, ils déplacent le véhicule vers le terrain vague situé en face de l'entreprise Sud Frigo. 15 à 30 minutes après leur arrêt au rond-point, la lumière se met en mouvement et part lentement vers le nord-est, azimut 60 °. Sa trajectoire reste horizontale jusqu'à sa disparition. Il est presque une heure du matin.

L'affaire va alors prendre une étrange tournure. En direction de Sète, à mi-hauteur du Mont Saint-Clair, apparaît ce qui va d'abord être pris pour un des U.L.M.[82] de Sète avec une lumière blanche clignotante au milieu des lumières de la ville. Notre témoin se dit aussitôt que le pilote a sûrement lui aussi observé quelque chose.

L'U.L.M. se dirige lentement dans leur direction et, lorsqu'il passe dans l'axe d'un poteau électrique situé en bordure du terrain vague, du côté de Sète, la lumière cesse de clignoter pour devenir fixe et augmenter en intensité.

Toujours lentement, la lumière passe au-dessus de la route, à quelques dizaines de mètres au nord des témoins puis change de cap pour venir directement sur le couple, toujours lentement. Les témoins ont peur. La lumière change finalement de cap et vire finalement au Nord-Est avant d'arriver sur eux, sur la même trajectoire qu'elle avait précédemment.

---

[82] Ultra léger motorisé.

Ils distinguent alors le dessous de ce qui est pour eux un objet en forme de triangle équilatéral, sombre, incliné vers l'avant, un peu comme un hélicoptère dont le poste de pilotage se trouverait plus bas que le rotor de queue, muni d'une lumière en son centre. La couleur de l'engin leur paraît plus foncée que celle du ciel. Avec cette même vitesse lente, sans bruit, l'O.V.N.I. s'éloigne en suivant une trajectoire horizontale dans la même direction

que le premier. Il disparaît peu à peu. La forme triangulaire n'a été visible que durant quelques petites secondes, c'est donc une lumière que les deux témoins perdent dans le lointain.

Les deux phénomènes, la première lumière puis la seconde devenue triangle puis redevenue lumière, n'ont jamais été observées en même temps. Le temps très bref entre la disparition de la première et l'apparition de la seconde, tout comme l'éloignement entre les deux, laissent penser qu'il ne s'agissait pas de la même chose.

Le recueil tardif du témoignage et les difficultés rencontrées lors de l'enquête ont compromis le résultat du travail d'aval. Ainsi, l'entreprise de stockage réfrigéré Sud Frigo n'a pas souhaité nous laisser accéder eux enregistrements vidéos de ses caméras de surveillance. Cela aurait cependant pu être déterminant, surtout que certaines étaient braquées en direction du triangle qui a survolé les témoins.

Toutefois, l'hypothèse d'un vol d'U.L.M. en provenance de Sète a pu être écartée. N'ayant pas d'autorisation pour des vols de nuit, le club sétois nous a confirmé que les appareils restent au sol la nuit. Le mystère reste donc entier.

Un étrange cylindre dans le ciel d'Alès (Gard).

En 2019, une équipe d'enquêteurs d'OVNI-Languedoc a eu à enquêter sur une étrange observation réalisée dans un des quartiers du sud-est alésien le 16 juillet 2016. Le témoin, une jeune femme au milieu de la trentaine atteinte de myopie, portait lors de l'observation des lentilles de contact depuis le matin. Elle n'avait pas absorbé de substances psychotropes (alcool, cannabis…) et ne suivait aucun traitement médical.

Cette nuit de juillet, peu avant 23 h, cette infirmière de profession s'apprête à fermer les volets du salon et à aller se coucher. Elle remarque alors au travers de sa fenêtre ce qu'elle décrit comme un objet métallique gris-clair qu'elle ne peut identifier, sans feux ou phares, de forme cylindrique. Il lui semble assez bas dans le ciel, à une hauteur angulaire d'environ 45 degrés. Il se déplace lentement de gauche à droite (globalement du nord-est au sud-ouest), masquant les étoiles sur son passage. Après avoir pensé à quelques centaines de mètres, le témoin estime finalement qu'il est peu éloigné, peut-être de quelques dizaines de mètres seulement, et que sa vitesse est aux environs de 10 ou 15 km/h. Il va ainsi traverser tout le champ visuel de la fenêtre. Enfin, un halo blanc bleuté est visible sur la bordure extérieure supérieure de l'O.V.N.I.

Vers l'avant du cylindre elle distingue clairement un unique hublot, plutôt centré par rapport à la hauteur de l'O.V.N.I. Il lui est difficile de proposer une taille pour ce hublot, mais partant de l'hypothèse que les entités qu'elle y observe sont de taille comparable à celle des êtres humains, dont ils semblent avoir l'apparence, l'O.V.N.I. lui-même pourrait avoir des dimensions similaires à celles d'un minibus et le hublot pourrait donc mesurer dans les 80 cm de diamètre.

La structure externe de l'O.V.N.I. est étrangement bien visible en dépit du fait qu'il n'y a aucune lumière extérieure susceptible de l'éclairer.

L'intérieur du cylindre est illuminé par une lumière blanc-bleutée et deux silhouettes sont visibles depuis la taille jusqu'à la tête. Le témoin suppose qu'il s'agit d'un homme et d'une femme. Une femme, car elle voit sur une seule des deux silhouettes ce qu'elle pense être une poitrine et des cheveux tirés en arrière, l'autre ayant une apparence plus masculine.

La notion de paréidolie est ici intéressante à aborder. Le mot vient du grec ancien *para*, « à côté de », et *eidolôn* ou *eidos*, « forme ». D'ailleurs, chez Platon, l'*eidolôn* est l'image simulacre, opposée à l'image fidèle ou soumise à son sujet[83]. Ne dit-on pas « Sage comme une image » ?

La paréidolie est un phénomène qui consiste à identifier de façon erronée une forme connue dans un phénomène autre que celui qui est perçu. C'est un peu comme la version inconsciente du jeu qui consiste à imaginer des formes dans les nuages : un visage, un animal…

Le témoin a-t-il pu être victime d'une paréidolie lors de l'observation des silhouettes ? Ou même lors de l'observation de l'O.V.N.I. lui-même ? Tout est possible, mais la probabilité que ce soit le cas pour la seconde question apparaît comme faible du fait de la durée de l'observation. En une minute, il est probable que son cerveau aurait eu le temps de reconnaître son erreur et de la rectifier.

Également, le témoin considère qu'il ne pouvait pas s'agir d'un ballon dirigeable ou d'un hélicoptère, encore moins d'un avion.

Les vêtements sont décrits comme identiques pour les deux silhouettes : il s'agit de combinaisons de couleur « bordeaux-marron » que le témoin pense pouvoir être des tenues de travail. Aucun couvre-chef n'est noté.

Les cheveux sont décrits comme châtains, courts pour l'homme. Les deux personnages semblent être de type caucasien, mais les visages ne sont pas vus assez précisément pour que les détails soient notés.

---

[83] *Le Sophiste*, IVème siècle avant J.C.

Pendant tout le temps de l'observation, l'O.V.N.I. semble rester à une altitude très faible et constante et il poursuit son chemin à la même vitesse, diminuant en taille apparente jusqu'à disparaître hors du champ de vision du témoin. À aucun moment, l'O.V.N.I. n'a été masqué par un obstacle (arbre, maison, fil électrique), il a ainsi pu être observé en continu.

Aucun bruit particulier n'a été perçu par le témoin. Le ciel était dégagé et presque sans vent (2 km/h en direction du sud-ouest), la Lune n'était pas visible depuis la fenêtre du salon. La trajectoire du phénomène observé et la direction du vent ont amené les enquêteurs à creuser la piste du ballon. L'enquête n'est cependant pas parvenue à trouver de ballon gonflable un tant soit peu ressemblant à la description chez les professionnels du Gard.

L'observation du témoin reste à ce jour inexpliquée. Le sérieux de la personne n'a jamais pu être mis en doute lors de l'enquête. Il est évident qu'elle pense sincèrement avoir vu ce qu'elle décrit et nous n'avons aucun élément nous permettant de mettre en doute son récit.

Pourtant, le récit lui-même comporte une bizarrerie de taille dans le rapport entre la distance et la taille estimée de l'O.V.N.I. et surtout des personnages observés. Il est étrange que ces « entités » aient pu être visualisées avec autant de précision au travers du hublot. Il faut que l'O.V.N.I. se soit trouvé à quelques dizaines de mètres à peine du témoin, peut-être moins.

Pour conclure, l'hypothèse d'un ballon d'enfant par exemple, n'est pas totalement abandonnée, surtout au vu des résultats d'un test auquel a été soumis le témoin : ce test a démontré qu'il a tendance à surestimer les tailles des phénomènes observés à distance avec un facteur multiplicateur de sept.

Analyse statistique et logique de la base de données d'OVNI-Languedoc versus psychologie de la perception.

Si l'association a déposé ses statuts en préfecture en 2003, les X-Files d'OVNI-Languedoc remontent pourtant à 1952. En effet, outre les enquêtes sur les observations récentes, certains ufologues de l'association ont exhumé de vieux dossiers et entrepris de les étudier d'un œil neuf.

Ces « contre-enquêtes » nécessitent de rencontrer les personnes impliquées dans le dossier lorsque c'est encore possible (témoins comme enquêteurs), de passer en revue les archives quand elles ont été conservées comme dans le cas de l'affaire Rose C, de prendre connaissance des publications mises à la disposition du public (articles, livres qui traitent du sujet), dans une ou plusieurs langues parfois comme dans le dossier Manises.

Les enquêteurs du groupement ont travaillé sur environ 140 cas, mais ce n'est qu'un peu plus d'une centaine d'entre eux qui ont été retenus pour ce bilan, les autres s'avérant inexploitables faute de renseignements fiables suffisants. Dans le même ordre d'idée, si une demi-douzaine de travaux d'enquête sont en cours au moment où j'écris ces lignes, ils ne sont pas pris en compte en attendant leur conclusion.

Il est à noter que l'auteur de ces lignes a réalisé ou participé à 85 de ces enquêtes.

Si on s'en tient aux cas qui ont une explication certaine et démontrée, 25 % des dossiers ont été expliqués tandis que 75 % restent sans solution. Si l'on prend aussi en compte les observations pour lesquelles une explication a été donnée et semble très probable sans qu'on puisse en faire la démonstration absolue, on passe alors à 41 % de dossiers expliqués contre 59 % inexpliqués.

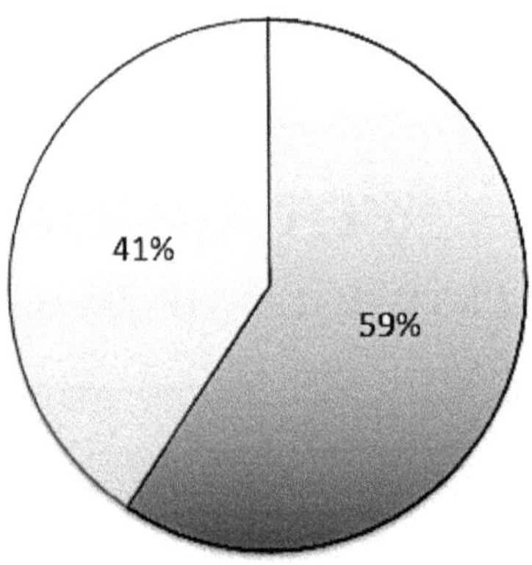

Le nombre de dossiers traités par année a tendance à augmenter avec le temps, avec des hauts et des bas. Cela n'a rien d'exceptionnel. Il faut du temps pour se faire connaître et être « incontournable » pour qui cherche une explication dans les secteurs géographiques que nous couvrons.

L'association n'ayant été créée qu'en 2003, peu de dossiers sont antérieurs même si certaines contre-enquêtes ont été entreprises depuis et si certains cas ont été apportés par des ufologues ayant eu l'occasion de travailler sur des témoignages bien avant de façon autonome ou dans le cadre d'une autre association comme SOS-OVNI, disparue en 2002.

De 2003 à 2006, les observations signalées sont plutôt rares : aucune en 2003, de une à trois par an par la suite. Cela pourrait s'expliquer parce que, l'association venant de naître, sa médiatisation est encore restreinte et peu de témoins d'un phénomène O.V.N.I. la connaissent. Pour la même raison, mal référencée, elle est difficile à trouver.

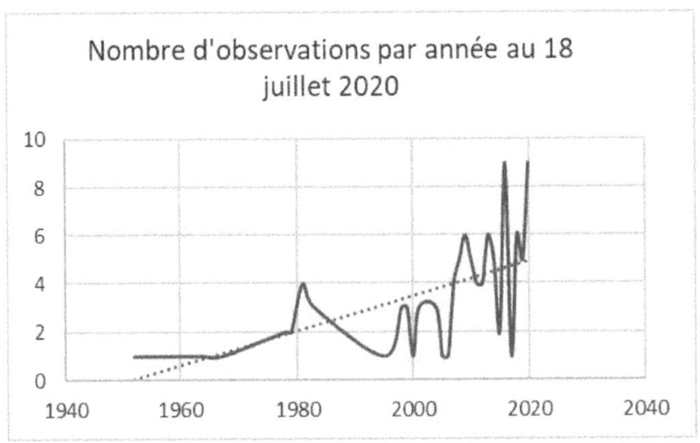

De 2007 à 2014, les observations rapportées à OVNI-Languedoc se font plus nombreuses et plus régulières. Elles sont désormais entre quatre et six par an. Plusieurs sont à haut degré d'étrangeté, avec des RR3 ou même un M.I.B.

2015 est une année creuse, avec seulement deux observations.

2016, au contraire, fait partie des années les plus chargées avec neuf observations rapportées.

Et en 2017, on repasse à une seule, puis on remonte à six en 2018, cinq en 2019, et neuf pour l'instant en 2020, alors que nous ne sommes qu'en juillet. Le lancement des satellites Starlink par la société SpaceX d'Elon Musk explique pour une bonne part le grand nombre d'observations cette année. Le public n'est pas encore très au fait de l'existence de ces trains de satellites et s'étonne du spectacle que cela procure dans le ciel nocturne. Sur les neuf observations de 2020, sept sont expliquées dont six par des Starlink.

Comment expliquer ces écarts entre les années, ces minivagues comme disent certains ? Sur le site « historique-météo.net »[84], il est possible de comparer la météo des différentes régions en France chaque année depuis 2009.

Si l'on compare les années 2016 et 2017 par exemple (neuf observations rapportées et une seule), on s'aperçoit qu'aucun facteur météorologique ne semble pouvoir être à l'origine de cet écart. La couverture nuageuse a même été plus importante en 2016 qu'en 2017. On aurait pu s'attendre au contraire. Mais alors, quelle origine attribuer à ces écarts qui vont de un à neuf ?

Les lieux d'observations n'apportent guère de surprise. Le département d'où provient le plus grand nombre de témoignages est aussi le plus peuplé de la région : il s'agit de l'Hérault avec 38 cas d'observations d'O.V.N.I. recensés. Le Gard vient ensuite avec 25 cas, puis 11 pour les Pyrénées orientales et 8 pour l'Aude.

Ce qui est plus intéressant, c'est que l'association arrive à mener ses travaux loin de ses bases comme dans le Var (3 enquêtes), les Landes (2) ou encore jusqu'en Espagne (2). Lorsque nous sommes dans l'incapacité de le faire, nous transmettons le dossier à des enquêteurs locaux lorsque c'est possible, comme ce fut le cas pour une observation bretonne en février 2020.

[84] https://www.historique-meteo.net/

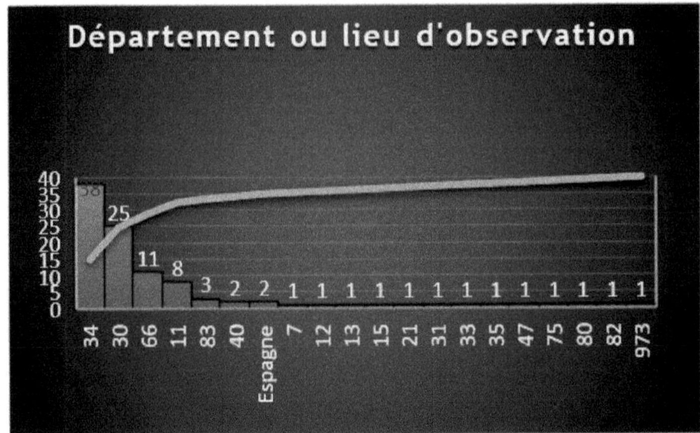

Concernant les principales heures où ont lieu les observations, comme vous allez pouvoir le voir dans le schéma ci-dessous, cela se passe la plupart du temps entre 19 h et minuit.

S'il est exact qu'une observation d'O.V.N.I. peut se faire à n'importe quel moment, 50 % se font dans ce créneau où les observations explosent. C'est l'heure où les gens sont dehors, se détendent après le travail dans le jardin, au bord de la piscine…

Cela veut dire aussi que l'alcool n'est pas absent, mais quand l'excès est avéré, le plus souvent, nous considérons qu'il n'y a pas à enquêter, les informations obtenues par les témoins n'étant pas assez fiables. Ceci dit, il est très rare de voir un ou plusieurs témoins fortement alcoolisés lors de l'observation mener à bien les démarches afin de nous contacter.

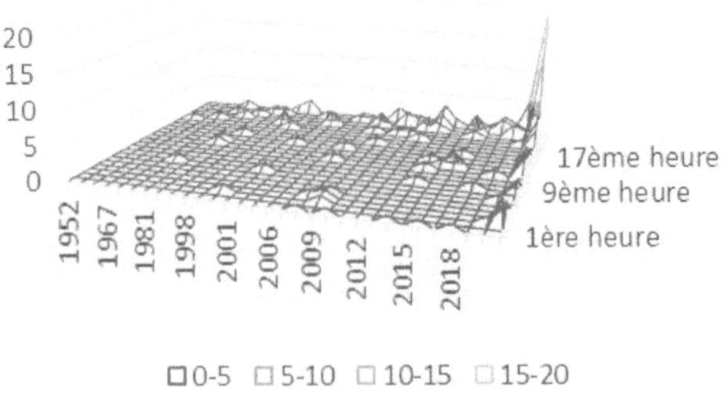

La plupart du temps, l'observation est réalisée par un témoin unique. C'est le cas dans 62 % des observations, mais dans 28 % des cas, les témoins sont deux et dans 6 % ils sont trois.

Ce n'est que dans 4 % des cas que les témoins font partie d'un groupe de plus de trois membres. Cela peut alors aller jusqu'à plusieurs dizaines comme dans le dossier de Manises en 1979, mais c'est exceptionnel.

Nombre de témoins.

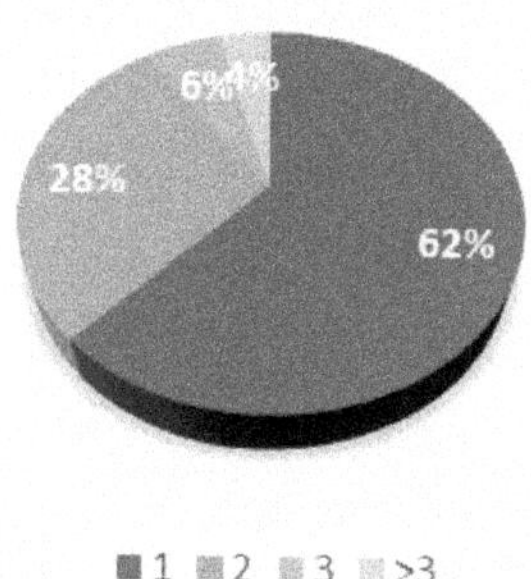

Les témoins décrivent des phénomènes aux caractéristiques variées, au point de rendre le schéma suivant difficilement compréhensible.

On se rend cependant très vite compte que le type d'observation le plus répandu concerne des lumières, rondes, en déplacement la plupart du temps. C'est le cas dans 47 % des cas.

Les observations de triangles viennent après, loin après, avec 13 % des cas. Tous les autres aspects signalés par les témoins sont compris entre 5 et 0,7 % : formes non lumineuses, cigares, forme de goutte, traces au sol, présence d'entités, RR3 ou RR4…

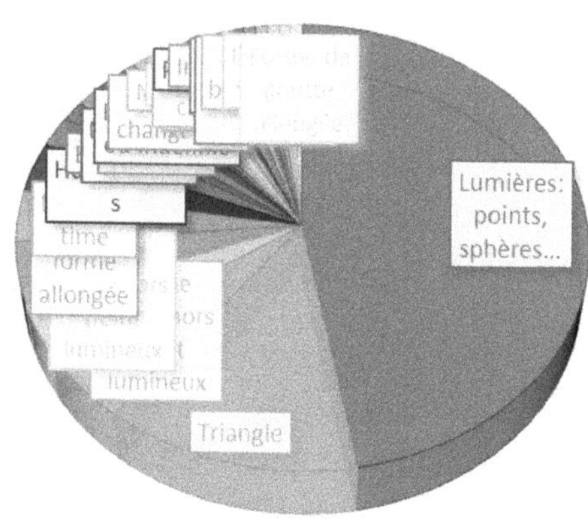

Quant aux couleurs, c'est le blanc qui revient le plus souvent, dans 37 % des cas. Puis viennent l'orange (17 %), le jaune et le rouge (11 %), le vert (6 %)... Dix couleurs en tout qui reviennent lors des témoignages, ou pas, comme le rose qui n'est apparu qu'une fois lors d'une observation de 1983.

Les feux de position ou feux de navigation des avions qui nous survoment sont verts, rouges et blancs. Le feu anti-collision est blanc lui aussi. Trois des cinq couleurs les plus répandues dans les témoignages. Cela ne signifie pas pour autant que lorsque ces couleurs sont présentes, il s'agit de méprises. Les autres éléments doivent être pris en compte, dont la forme, le lieu, l'heure, le mouvement, etc. D'où l'intérêt du travail d'aval, du travail d'enquête.

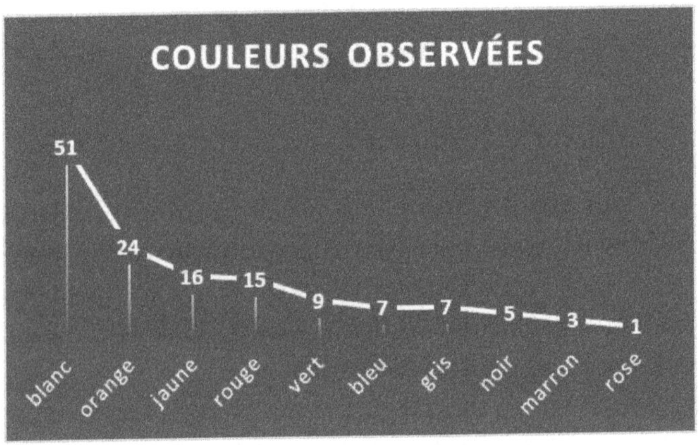

Les chiffres ne mentent pas dit-on, mais on peut leur faire dire tout et n'importe quoi. Si on met en relation les deux derniers tableaux, des formes et couleurs décrites par les témoins, avec les travaux de Manuel Jimenez sur la psychologie de la perception, il nous faut prendre en considération qu'ils ne veulent peut-être pas dire grand-chose.

La psychologie de la perception peut être utile pour mieux comprendre ce qu'est le phénomène O.V.N.I. De fait, bien souvent, les témoins ne peuvent décrire l'O.V.N.I. avec précision.

Manuel Jimenez, maître de conférence en psychologie à l'université de Montpellier, participe aux travaux du G.E.P.A.N. au début des années 1980. Il a en particulier contribué à la rédaction de la *Note technique* n° 15 en 1983, en collaboration avec Philippe Gesse.

En 1997, il publie un petit livre que je recommande à tous, intitulé *La psychologie de la perception*, dans la collection Dominos chez Flammarion.

Lors d'une conférence donnée à Montpellier fin 1999, il démontre que les acquis de chaque individu jouent un grand rôle dans la façon dont ils perçoivent leur environnement. Ainsi, nous identifions ce que nous voyons à partir de nos connaissances, et nous ne pouvons pas identifier ce pour quoi nous n'avons pas de références. C'est là un point essentiel à relier au phénomène O.V.N.I.

J'ai eu l'occasion de m'entretenir brièvement avec lui et de lui poser une question qui me taraudait l'esprit depuis longtemps. Est-il possible de percevoir ce que notre esprit ne peut concevoir, faute de référence ?

Selon Manuel Jimenez, ce que nous ne pouvons concevoir ne saurait être perçu de la même manière que nous percevons le soleil, les arbres du jardin ou la voisine trop bavarde, autant de choses que notre esprit conçoit fort bien.

Notre cerveau serait dans l'incapacité de lire — de décoder ? – la totalité des caractéristiques du phénomène perçu. Un peu comme un programme informatique ne peut lire un fichier avec lequel il n'est pas compatible.

Toujours selon Manuel Jimenez, un tel phénomène ne serait éventuellement perçu que de façon très partielle et déformée, comme un flash de lumière par exemple, un point lumineux ou une forme imprécise totalement atypique.

À partir de là, peut-on utiliser ceci dans le cadre du phénomène O.V.N.I. ? Si les O.V.N.I. restent non identifiés, peut-on envisager que cela soit parce que nous sommes incapables d'appréhender leur « être » physique dans sa totalité, à supposer qu'ils aient une existence physique tangible, de quelque type que ce soit.

Dans l'hypothèse de caractéristiques à très haut degré d'étrangeté, un P.A.N.[85] pourrait même rester complètement masqué à l'observateur alors qu'il se tiendrait sous son nez.

---

[85] Phénomène aérospatial non identifié, l'équivalent d'un O.V.N.I.

L'O.V.N.I. resterait donc mystérieux parce que nous ne serions pas aptes à percevoir leurs caractéristiques étrangères à nos conceptions et schémas mentaux. Cela pourrait être, après tout, un élément à prendre en considération pour nous mettre sur la voie d'une explication.

Nous ne voyons pas les rayons ultra-violets et pourtant ils existent et des instruments peuvent les mesurer. Les O.V.N.I., à supposer qu'ils existent bien, ne pourraient-ils se manifester au niveau de quelque(s) « rayonnement(s) » si étranger à nos capacités actuelles, mais qui seraient en partie perceptibles par l'œil et le cerveau humain, peut-être à certaines occasions bien particulières, lorsque certaines conditions sont remplies ? Ne pourraient-ils participer à bien plus de dimensions que n'en peuvent concevoir nos cerveaux ? Ou relever d'une notion inconnue encore plus étrange que la notion au final assez simple de dimensions multiples ?

Dans « La République », Platon nous fait part de son mythe de la caverne : des hommes ont vécu toute leur vie depuis leur naissance dans une caverne obscure, enchaînés dos à l'entrée et le visage tourné vers la paroi du fond où se reflètent des ombres produites par les personnes qui passent devant l'entrée en portant des objets de toutes sortes. La perception du monde qu'ont ces hommes enfermés en milieu confiné est donc loin de correspondre à la réalité objective du monde dont ils font partie. Platon s'adresse à Glaucon[86] : « Si donc ils pouvaient s'entretenir ensemble ne penses-tu pas qu'ils prendraient pour des objets réels les ombres qu'ils verraient ? » Et un peu plus loin : « Assurément, repris-je, de tels hommes n'attribueront de réalité qu'aux ombres des objets fabriqués. »

Face au phénomène O.V.N.I, ne sommes-nous pas d'une certaine façon dans leur situation ? Nous ne voyons que des ombres et la réalité nous échappe.

Lorsqu'un des prisonniers sort enfin de la caverne, il lui faut un temps considérable pour apprendre à percevoir de façon pertinente le monde qui l'entoure. Moins de temps cependant que celui dont les ufologues ont bénéficié pour progresser dans la connaissance du phénomène O.V.N.I. Mais peut-être le phénomène O.V.N.I. finira-t-il par devenir plus clair aux yeux de ceux qui s'y intéressent... Après tout, nous sommes une espèce jeune.

[86] Philosophe, frère aîné et élève de Platon.

Les membres d'OVNI-Languedoc ont eu à enquêter sur tous les types de phénomènes ovni, ou peu s'en faut, du simple point lumineux dans le ciel au missing-time en passant par la paralysie et la présence de M.I.B.

Les phénomènes à haut degré d'étrangeté restent cependant l'exception. Ceux qui signalent la présence d'entités jugées extraterrestres ne concernent que 9,8 % des cas, ce qui n'est finalement pas si négligeable que ça. On parle là de description de créatures étranges, d'humanoïdes et de « men in black ». Ces derniers ont « croisé la route » d'OVNI-Languedoc dans deux cas.

Encore plus rare est l'intervention d'une trace radar dans une enquête. Cela ne s'est passé qu'une fois, en décembre 2007, lorsqu'un avion a disparu des écrans radars de Fréjorgues pour réapparaître plus tard, posé au sol sur la plage des Aresquiers[87].

Bizarrerie supplémentaire, le pilote du Cap 231, un petit bijou monoplace à hélice, tout en carbone et conçu pour la compétition de voltige, ne se souvient pas de s'être posé : il était en vol puis il s'est retrouvé posé sur le sable.

Une partie de la solution à ce mystère allait être donnée par les autorités médicales de Montpellier et l'autre partie par OVNI-Languedoc.

Dans cette affaire, le pilote a été victime d'une série d'incidents. Tout d'abord, un ralenti mal réglé qui a fait caler le moteur lors d'un vol sur le dos ou d'un moment d'immobilité de l'appareil après une remontée rapide.

Ensuite, l'accumulation des « G » (jusqu'à 10 « G » sur un avion de voltige de ce type) a pu entraîner un évanouissement passager du pilote qui a perdu connaissance quelques instants avant de reprendre conscience lors de la chute de l'avion et d'arriver « miraculeusement » à le poser sur la plage. Une forme de stress post-traumatique peut ensuite expliquer l'amnésie, selon l'avis des médecins montpelliérains.

Quant à la disparition des écrans radars, il est apparu que le radar secondaire qui couvre ce secteur se situe dans la région de Lodève et non pas à Fréjorgues comme nous le pensions, à environ 60 kilomètres à vol d'oiseau du lieu de l'atterrissage. Lors de sa chute, le Cap 231 est donc logiquement passé sous sa couverture, le massif de la Gardiole faisant écran entre le transpondeur de l'avion et le radar.

---

[87] Disons deux avec la contre-enquête de Manises (1979).

On peut noter que par six fois, des photographies ont été fournies en appui des témoignages. Par six fois aussi, il s'est agi d'une vidéo. Dans les cas où ce type de matériel est mis à notre disposition, le pourcentage de cas expliqués augmente : 55 % et non plus 41 %.

Il nous est aussi arrivé de voir le témoin refuser notre explication, pourtant évidente et facile à démontrer, comme en 2007 dans le secteur de Narbonne ou en 2011 à La Grande-Motte.

Enfin, il semble utile de signaler que pendant l'une de nos enquêtes, un gros dossier se situant dans le Var, avec de multiples témoins, des traces au sol, le signalement d'hélicoptères de l'A.L.A.T.[88] en vol en même temps qu'un ovni était observé, le binôme d'enquêteurs a pris contact, comme cela se fait très souvent, avec la brigade locale de Gendarmerie. Par la suite, c'est cette même brigade qui nous a régulièrement relancés par téléphone pendant environ 18 mois et à chaque fois, la question était la même : « Votre enquête a-t-elle permis de déboucher sur de nouvelles informations ? » À chacun d'en tirer sa propre conclusion.

---

[88] Aviation légère de l'Armée de Terre.

Une ufologie malade de ses ufologues ?

Après ces études de cas qui démontrent que dans le seul Sud méditerranéen les dossiers ne peuvent qu'aller dans le sens de la réalité du phénomène O.V.N.I., il convient de faire le point sur celui-ci et la situation de l'ufologie en France.

Si le phénomène O.V.N.I. est bien réel, bien malin celui qui apporterait à l'heure actuelle des preuves sur sa nature. Ou peut-être vaudrait-il mieux dire sur ses natures, car il semble bien improbable que toutes les observations aient la même origine.

Le simple fait d'avoir des témoins qui observent dans nos cieux des phénomènes qu'ils ne peuvent identifier assure la réalité du phénomène. Cela n'est pas la même chose que de dire que les objets volants non identifiés sont réels. Il faut franchir une étape supplémentaire : prouver la réalité de ce que les témoins ont observé. Voilà le véritable défi qui est lancé aux ufologues à l'heure actuelle.

Lequel d'entre eux peut prétendre sans aucun doute possible détenir une preuve de ce type ? Un objet qui serait produit par une technologie tellement étrangère à la nôtre que nous ne pourrions que reconnaître que nous sommes dépassés ? Le corps d'une entité extraterrestre incontestable ?

Certains diront que nous avons déjà tout cela. Et bien, qu'on nous le montre ! Il est facile d'abuser de l'argument d'autorité, c'est même une coutume en ufologie, tellement utilisée par ceux qui ne savent rien, mais sont persuadés d'avoir tout compris que c'en est fatigant. Une coutume déplorable à bannir.

Il est suffisant d'évoquer l'histoire des momies péruviennes : on nous promet d'année en année des révélations fracassantes pour se rendre compte que, lorsque les scientifiques s'impliquent et communiquent, on revient très vite à des choses plus terrestres. Quant à ceux qui assurent à Barcelone ou dans le fin fond du Cantal qu'il y a 44 races d'extraterrestres dans l'univers connu… Bref, passons et revenons à des sujets un peu plus sérieux.

Il est important dans le dossier des O.V.N.I. de distinguer les approches. Quand on évoque l'ufologie et les ufologues, le rire n'est jamais loin, mais il est vain d'accuser les médias de cet état de fait tant que les ufologues n'auront pas compris que, justement, ils n'ont pas compris la ou les natures du phénomène O.V.N.I. et que ce sont leurs actes qui ouvrent la porte aux amuseurs publics.

Bien souvent il suffit pour les incompétents de quelques heures de navigation sur des sites spécialisés pour se faire une opinion et se déclarer expert. L'étape suivante est généralement la divulgation de ce qu'on pense avoir compris et cela donne des divagations du genre : « Il existe 44 races extraterrestres (oui, j'y reviens) et ils sont déjà parmi nous, ils ont même des bases souterraines comme sous le pic du Bugarach ! »

Ainsi, les moins exigeants en termes de « preuves » ont pu développer leur croyance sans attendre d'étudier le dossier O. V.N.I… Cela s'apparente clairement à une croyance religieuse. On trouve généralement ces personnes parmi ceux qui se contentent d'aller d'un site à un autre et qui, en ayant visité quelques-uns, se sont laissés tenter — au sens biblique — par les nombreuses « révélations » qu'ils comportent. Devenus en quelques jours des spécialistes en ufologie, ces « ufologues omniscients » s'aimeraient souvent omnipotents et s'emploient à expliquer aux autres leur Vérité sur les ovnis et les races aliens qui nous visitent tout en s'affrontant entre elles dans le cadre d'une effroyable guerre galactique. Du mauvais Perry Rhodan.

Ce genre de discours délirant relève de la croyance. Aucun de ceux qui le tiennent ne peut apporter ne serait-ce que le début d'une preuve de ce qui est affirmé. Une citation d'Euclide me vient à l'esprit : « Ce qui est affirmé sans preuve peut être nié sans preuve ». Ce mathématicien de la Grèce antique avait compris il y a 2300 ans ce que certains n'arrivent toujours pas à comprendre aujourd'hui.

Conséquence, ce système de pensée, ou peut-être conviendrait-il d'écrire plutôt de non-pensée, amène à des situations ridicules. Dominant dans le milieu ufologique, il en est la partie la plus visible. Hélas pas la meilleure. Extravertie, bruyante, folklorique, elle fait la joie de la presse. Qui n'a pas vu une émission de Cyril Hanouna avec de joyeux témoins en pyjama ? Ridicule.

En février 2019, un animateur bien connu d'NRJ, Sébastien Cauet, tentait un canular téléphonique où il m'appelait en se faisant passer pour, je cite, « un fou qui voit des ovnis »[89]. C'était tellement « gros » comme approche qu'il ne fut pas bien compliqué de s'en sortir tête haute.

L'association en retira une certaine publicité positive, renforçant sa réputation de sérieux, ce qui entraîna en retour un certain nombre de témoignages de personnes qui pensèrent, à raison j'espère, pouvoir nous faire confiance. Un de ces témoignages nous parvint même de Guyane.

Un an plus tard, c'est Fun Radio qui abordait le sujet à peine plus sérieusement, quoiqu'avec beaucoup plus de charme, dans le cadre de l'émission « Marion et les garçons ».

Deux exemples ni pires ni meilleurs que bien d'autres.

Si les médias s'amusent du sujet, c'est que cela fait de l'audience, mais cela tient aussi au fait que les ufologues sont parfois, au risque de me répéter, risibles. Ils récoltent ce qu'ils sèment. Beaucoup trop manquent de sérieux, de rigueur dans leur travail.

Beaucoup trop sont toujours prêts à affirmer ceci ou cela parce que cela correspond à leur croyance, sans se soucier de vérifier les informations qu'ils diffusent à tout va. Un ovni a été aperçu entrant dans un volcan ? Fort bien, je relaie. Le petit-fils de Jimmy Carter est un hybride d'alien ? C'est bon, j'ai ma révélation qui va faire réagir le monde !

Ce volet de l'ufologie existe, il est largement visible sur le net, via Facebook par exemple, et il est pitoyable.

Largement médiatisé parce que porteur en terme d'audience, il en vient à représenter l'ufologie toute entière aux yeux de l'opinion, rendant difficile la prise en compte par les médias ou la population d'une ufologie prétendue plus sérieuse, réellement plus raisonnable, espérons-le, celle que nous devrions tous pratiquer.

Dans un autre registre, il est aussi en ufologie un qualificatif horrible dont certains sont marqués, stigmatisés même : sceptique. Dans le milieu des croyants, quand on qualifie un ufologue de sceptique, on a tout dit. Sa cause est perdue, il est irrécupérable.

---

[89] https://www.youtube.com/watch?v=9ZR9SjGBKLU

Pourquoi cela ? Il ne croit pas aux extraterrestres ! Quelque part, à un moment donné de son parcours, il a constaté qu'il n'avait en sa possession aucune preuve de la nature du phénomène O.V.N.I. et il a commis l'erreur de partager ce constat d'une façon ou d'une autre. Autant dire qu'il est mis au ban d'une bonne part de la société ufologique, comme si nous étions encore au Moyen-Âge et qu'il avait contracté la peste.

Le Moyen-Âge, un âge où trop d'ufologues sont encore. Des croyants, mais pas que…

La langue française permet à un même mot d'avoir plusieurs sens. Construite au fil du temps, elle mérite que chacun prenne le temps de la maîtriser avant d'en user.

Ainsi, le sens du mot « sceptique » a évolué avec les époques. Pour les philosophes grecs de l'Antiquité, le sceptique ne nie ni n'affirme rien. Par extension, le philosophe adepte du scepticisme nie la possibilité de la connaissance absolue et il refuse d'admettre une chose sans la soumettre à un examen critique préalable. L'origine de la notion de scepticisme est donc indissociable dès le début du dogme partagé par les premiers sceptiques.

C'est d'autant plus intéressant que de nos jours, une partie de ceux qui se déclarent sceptiques au sujet du phénomène O.V.N.I. partagent toujours un dogme. Qui n'a jamais entendu : « Les O.V.N.I., ça n'existe pas. Pourquoi ? Mais parce que c'est impossible, voyons ! »

Alors que le bon scepticisme doit se nourrir du doute, de la raison, de l'esprit critique, ces éléments sont absents de ce type de discours[90]. Seul l'argument d'autorité est alors pris en compte au détriment de la démarche scientifique et de l'ouverture d'esprit qui devrait aller avec. Cela n'empêche pas certains scientifiques de s'être engagés dans cette voie.

Les autres sceptiques sont ceux qui doutent de ce qui ne leur apparaît pas comme une évidence, indépendamment de leurs éventuelles aspirations et croyances. Ils bannissent tout dogme et examinent les indices, les éléments de preuve, avant de donner leur opinion. Loin de rejeter la réalité du phénomène O.V.N.I., ces sceptiques à l'esprit ouvert se sont saisis du sujet d'une façon la plus neutre possible, tout en étant d'une grande prudence quant à son interprétation et ne perdant pas de vue

---

90 Si vous vous reconnaissez là, ce n'est pas ma faute !

que, si des explications existent, elles sont sûrement multiples, les modes de manifestation du phénomène étant à la fois complexes et extrêmement divers.

La démarche n'est pas si différente que cela de celle des « croyants ». Nous avons établi que la première catégorie de sceptiques avait adopté une démarche qui relève de la croyance. Il existe cependant une seconde catégorie de croyants, que l'on ne peut en aucun cas qualifier de « sceptiques » : ceux qui pensent avoir en main tous les éléments nécessaires pour établir de façon raisonnable et définitive la nature du phénomène O.V.N.I., les partisans de l'hypothèse extraterrestre par exemple. Ils ont été convaincus par les arguments et éléments de preuve dont ils ont eu connaissance parce que, dans tous les cas, cela va dans le sens de leurs attentes. Hélas, ces « preuves » seraient considérées par d'autres comme, au mieux, de simples indices.

La croyance permet d'avoir confiance en soi. Quand on sait, quand on connaît la vérité sur les O.V.N.I., on a envie de la partager, c'est humain. On a également parfois envie de s'imposer comme le leader du petit monde ufologique. Après tout, on sait et les autres devraient bien le reconnaître.

Nous avons assisté depuis maintenant plus de sept décennies à de multiples tentatives de fédération de l'ufologie française. En 2020 encore, il existe une Fédération française de l'Ufologie qui aspire à rassembler les ufologues, une Académie d'Ufologie et même une Académie virtuelle d'Ufologie. L'ufologue responsable de la dernière est même l'auteur d'une lettre ouverte au Président de la République que vous allez pouvoir apprécier en fin de livre.

Quelques mois après le symposium de Pocantico auquel il avait participé en septembre 1997, Jean-Jacques Velasco, alors responsable du S.E.P.R.A.[91], rêvait de prendre la direction d'une structure européenne de recherche officielle sur les O.V.N.I. Il nous avait lâché le morceau lors d'un entretien pour la revue *Phénomèna*[92] à Auch, le premier mai 1998. Chacun sait ce qui s'est passé ensuite.

---

[91] Service d'expertise des phénomènes de rentrée atmosphérique de 1988 à 1999, Service d'expertise des phénomènes rares aérospatiaux de 2000 à 2004. Il s'agit des anciens noms du G.E.I.P.A.N.

[92] Magazine d'SOS-OVNI.

L'ufologie de demain telle que je la vois ne sera pas. Trop discrète, trop dépendante d'une culture de l'effort qui existe de moins en moins[93]. Et puis, c'est ma vision, celle d'un individu qui ne saurait être représentatif. Et qui n'aspire pas à l'être. Je précise au cas où…

Deux axes doivent être privilégiés : la rencontre avec les témoins et le travail d'aval qui doit automatiquement en découler.

Un témoignage ne se recueille pas n'importe comment. Dans l'absolu, le dossier est confié à un binôme d'enquêteurs dont un est le responsable, le plus expérimenté par exemple, ou le plus qualifié dans les cas où certaines connaissances techniques ou savoir-faire se révèlent essentiels.

La mise en confiance du témoin est primordiale. Les enquêteurs doivent aussi éviter d'influencer les réponses. Cela nécessite tout d'abord de savoir écouter autrui. Il faut aussi être assez discipliné pour bien choisir ses questions et les formuler judicieusement de façon à ce qu'elles n'orientent pas les réponses.

L'association OVNI-Languedoc n'est pas exempte de défauts, mais elle a le mérite de fonctionner en gardant un cap établi en 2003 par ses fondateurs, qui furent au nombre de trois. Il n'y eut pas de fondateur unique comme cela a pu être écrit par ailleurs. Son premier président fut Bruno Bousquet, jusqu'en 2006, puis je pris le relais et, je ne sais trop comment, je continue à être aujourd'hui l'heureux président d'une équipe d'individus motivés travaillant ensemble dans un excellent esprit associatif.

Sérieux, rigueur, respect et plaisir en sont les principaux piliers tandis que sa richesse vient du large éventail des compétences de ses membres.

Sérieux, car le sujet abordé, le phénomène O.V.N.I., le témoin, méritent d'être pris au sérieux.

Rigueur, car l'essentiel du travail de l'association est l'enquête de terrain qui doit maintenir une certaine méthodologie pour être pertinente.

---

[93] J'ai de plus en plus la triste impression de ne plus guère avoir de points communs avec la jeune génération ou les générations futures, comme si nous étions des étrangers et non les citoyens d'un même pays, les membres d'une même communauté européenne. Quoi de plus normal à partir de là de constater un fonctionnement différent, une démarche différente, des aspirations distinctes ? Quoi de plus normal et de plus effrayant ?

Respect, car le témoin, quelle que soit l'étrangeté du récit qu'il va délivrer, a droit au respect comme tout être humain. De la même façon, les idées et opinions de chaque membre, dans la mesure où elles entrent dans le cadre du règlement intérieur, se doivent d'être respectées et débattues si nécessaire, que l'on y adhère ou pas.

Ces trois piliers se retrouvent dans toutes les activités de l'association. Quant au plaisir, à quoi bon adhérer à une association si on n'y trouve aucun bénéfice ?

Lorsque OVNI-Languedoc publie son magazine *Logosphères*, qui a tout pour rivaliser avec les revues dîtes « professionnelles », c'est suite au travail intensif de toute une équipe, du comité de lecture au responsable de la mise en page. L'organisation des Rencontres ufologiques d'OVNI-Languedoc, les R.U.O.L., celle du congrès annuel, mobilisent également une bonne partie des ressources humaines et financières du groupe et se fait toujours dans le cadre des trois piliers.

Il existe à mon sens peu d'associations en France comme à l'étranger réunissant à son échelle à la fois sérieux et compétences, maîtrisant à son échelle l'enquête de terrain et le volet « information » adapté à un public à la fois néophyte et spécialiste ou curieux, ce qui amène le témoin à la contacter du fait du capital confiance ainsi généré.

En guise de conclusion, évoquons une question venue sur le tapis lors d'une randonnée entre amis : de qui l'association pouvait-elle donc se passer sans trop en souffrir ?

Je n'en voyais qu'un dont le départ ne serait pas forcément préjudiciable. Son président.

Inutile de dire que ce n'était pas une bonne nouvelle.

ANNEXE 01 :

Exemple de lettre ouverte au Président de la République.

Monsieur le Président de la République Française.: La Divulgation Complète des Dossiers OVNI en France.

Marc R. a lancé une pétition à destination de Monsieur le Président de la République Française.

Monsieur le Président , en tant qu'Ufologue et recteur de l'Académie Virtuelle d'Ufologie "ovni en France la Vérité", je viens vous demander , accompagné de mes 8200 Académiciens , l'ouverture au public des dossiers ovni tenus sous silence par vos services administratifs, et Militaires.
Cette demande est générale aujourd'hui, nous baignons dans le déni alors que nous le savons tous , oui nous en avons les preuves par l'image, les observations et les témoignages , malgré cela , il nous en faut plus, une déclaration objective de votre part si vous consentiez à venir nous apporter l'approbation de votre gouvernement devant ce que réfutent vos autoritées et vos églises...Nous ne sommes pas dupes, nos forums et nos recherches stagnes sans cette révélation qu'un haut Fonctionnaire comme Vous .
Monsieur le Président pouvez vous avoir l'Obligeance d'ouvrir à vos concitoyens et électeurs, la porte hermétique de ce monde qu'est l'énigme des OVNI.
Prenez le temps nécessaire à y répondre, mais la vérité à son urgence... Respectueusement . Marc RAIMBAUD (un

ANNEXE 02 :

L'O.V.N.I. de Montferrier.

La photographie de « soucoupe volante » que vous avez retrouvée tout au long du livre marque, vous l'aurez compris, l'introduction d'un nouveau chapitre.

Cette image, issue des archives de P.A.L.M.O.S., a été prise vers 9h30 le 16 septembre 1972 à Montferrier-sur-Lez, au Nord de Montpellier.

Un photographe amateur se promène dans la campagne environnante lorsqu'il est surpris de voir un engin gigantesque, bien plus grand qu'une Caravelle, qui traverse le ciel en une quinzaine de secondes.

Il a le temps de prendre plusieurs clichés mais seuls deux vont s'avérer exploitables.

TABLE DES MATIÈRES

SOURCES AUTRES QUE LE TRAVAIL DE TERRAIN :

Incidente en Manises, J.J. Benitez, Éditions Plaza § Janes, 1980.
Mystères en pays d'Oc, Bruno Bousquet, Éditions Lacour, 2000.
L.D.L.N. n° 345 de septembre 1997.
Rencontre avec les extraterrestres, Rose C et Charles Gouiran, Éditions du Rocher, 1979.
Terre, planète sous contrôle par Guy Tarade, Éditions Lefeuvre, 1979
Ufologia n° 14, page 8

POURQUOI ADHERER A L'ODS

En plus de rassembler toute une « faune de l'espace » passionnée de littératures de l'imaginaire, science-fiction, fantastique, fantasy, etc et tant de chercheurs érudits des univers de l'étrange, l'ODS est une association active qui organise ou coordonne de nombreux événements dans les domaines qui nous intéressent.

C'est un fait que l'activité de publication de fanzines qui était son expression principale à ses débuts a dû être transférée vers notre maison d'édition, EODS, faute de lecteurs assidus dans un secteur qui s'est peu à peu reporté vers le web. Certaines revues ont disparu, d'autres sont nées à cette occasion. Force est de nous adapter au potentiel du lectorat d'aujourd'hui, et nous voilà au XXIe siècle !

Toutefois, tout en nous adaptant, nous tenons, à l'ODS, à préserver cette convivialité qui fut toujours la première motivation de notre existence associative. C'est pourquoi nous poursuivons avant tout l'organisation de rencontres, conférences, congrès, dîners thématiques et autres missions scientifiques autour des thèmes qui nous sont chers. Participer à ces nombreuses activités, les organiser ou permettre à certains invités de venir y présenter leurs travaux, voilà aujourd'hui la vocation de l'ODS. Ainsi, tout au long de l'année, vous êtes conviés à nous rejoindre lors de dîners informels, comme celui du Nouvel Eon en janvier, et toutes sortes de rencontres à thèmes intitulées « on the spot », selon le calendrier de la venue d'auteurs en région parisienne, ainsi qu'à des colloques de haute teneur dont ceux organisés à Rennes-le-Château (ARTBS) ou à Paris comme le Congrès Fortéen, les journées Heuvelmans ou Jacques Bergier, etc, mais aussi à nous rendre visite sur les stands des nombreuses conventions auxquels nous participons.

L'organisation de ces événements et la participation de l'association à ceux organisés par d'autres sont aujourd'hui devenus notre activité principale, car c'est ce qui fait vivre notre univers littéraire et préserve ce caractère unique qui nous plaît. Si certains supports de lecture disparaissent petit à petit au profit de medias plus modernes – du fanzine au webzine, des listes de discussions aux réseaux sociaux, etc. – il reste que nous sommes tous attachés aux livres originaux au format papier, non seulement à l'objet que l'on peut aujourd'hui commander en trois clics, mais surtout à ce qui va autour, c'est-à-dire les rencontres, les discussions, le partage et les possibles collaborations qui s'improvisent au gré des initiatives de nos membres les plus passionnés et, bien entendu, au plaisir de lire !

La participation de chacun à cette fourmillante activité littéraire et autour de la littérature se coordonne le plus simplement possible par le moyen de notre association, et c'est la raison d'être de l'ODS. En y adhérant, et surtout en participant par votre présence et votre concours à ces rencontres, ainsi qu'à la naissance et la réalisation de nouveaux projets, vous nous aidez à prolonger la vie de notre multivers littéraire. Bienvenue à tous et merci pour votre présence !

Emmanuel Thibault, membre du Conseil de AODS.

LES ÉDITIONS DE L'ŒIL DU SPHINX

SARL au capital de 15.245 €

R.C.S. Paris B 432 025 864 (2000 B11249)

36-42 rue de la Villette

75019 PARIS

Mail ods@oeildusphinx.com

http://www.œildusphinx.com

http://boutique.œildusphinx.com

Tél 09.75.32.33.55

Fax 01.42.01.05.38

Achevé d'imprimer par Kindle Direct Publishing

(KDP) en Avril 2021

www.ingramcontent.com/pod-product-compliance
Ingram Content Group UK Ltd.
Pitfield, Milton Keynes, MK11 3LW, UK
UKHW021916190726
13853UKWH00002B/692